Silvia Ostertag

Lebendige Stille

HERDER spektrum

Band 5293

Das Buch

Ruhig werden, Stille finden, ist etwas, das wir alle so nötig haben und das uns doch so sehr fehlt, das uns so schwer zu sein scheint. Jeder sehnt sich nach Stille, nur wenige finden sie. Die Autorin lädt in diesem Taschenbuch ein: einfach anfangen oder wieder anfangen; es einfach tun. Als Hilfe für die Praxis hat sie Texte zusammengestellt, die Einstimmung und Einübung zugleich sind. Für alle, die einfach einmal anfangen wollen, aber auch für die, die das Sitzen in der Stille bereits als regelmäßigen Übungsweg gewählt haben und praktizieren, bietet das Buch wertvolle, inspirierende, aus der Übungspraxis entstandene Impulse. Die Autorin, die seit 25 Jahren ein eigenes Meditationszentrum leitet, begleitet und ermutigt den Leser bei seinen Bemühungen und seinem Üben. In immer wieder neuen Zugängen lädt sie den Leser ein, auf das zu horchen, was nicht zu fassen ist.

Die Autorin

Silvia Ostertag, geboren 1942 in Basel. Musikstudium, Konzerttätigkeit. Lehrerin in Atemtherapie nach Dr. Egenolf. Ausbildung in Initiatischer Therapie bei Karlfried Graf Dürckheim und Maria Hippius-Dürckheim. Begründerin des „Initiatischen Gebärdenspiels nach Silvia Ostertag®“. Zen-Studium bei Willigis Jäger, Koun-Roshi; seit 1994 Lehrbeauftragte für Zen in der Sanbo-Kyodan-Schule. Leitet seit 25 Jahren mit ihrem Mann, Albrecht Ostertag, die Bildungsstätte Seeg (Allgäu), Zentrum für Zen-Meditation und künstlerische Übung.

Silvia Ostertag

Lebendige Stille

Einstimmung und Einübung

Vorwort Willigis Jäger

HERDER

FREIBURG · BASEL · WIEN

Die Zeichnungen im Innenteil stammen von
Linde von Keyerlingk, aus: „Jenseits des Nennbaren.
Sinnsprüche von Lao-tse", Freiburg 1979

Originalausgabe

Gedruckt auf umweltfreundlichem,
chlorfrei gebleichtem Papier

3. Auflage

Alle Rechte vorbehalten – Printed in Germany
© Verlag Herder Freiburg im Breisgau 2003
www.herder.de
Satz: Rudolf Kempf, Emmendingen
Herstellung: fgb · freiburger graphische betriebe 2006
www.fgb.de
Umschlaggestaltung und Konzeption:
R·M·E München / Roland Eschlbeck, Liana Tuchel
Umschlagmotiv: Photonica
ISBN-13: 978-3-451-05293-4
ISBN-10: 3-451-05293-8

INHALT

VORWORT

Es gibt keinen Weg dorthin, wo wir schon immer sind. Es gibt kein Außen ohne Innen und kein Oben ohne Unten. Aber unser Ich verhindert die Gesamtschau und die Erfahrung der Einheit. Es trennt, differenziert und spezifiziert. Das ist seine Aufgabe, das macht uns zu Menschen. Aber es dominiert uns. Es hindert uns, das Ganze zu sehen. Es ist, wie wenn jemand, der einen Stab in der Hand hält, nur das eine Ende sehen kann.

Wir brauchen also eine Wegweisung, eine Begleitung durch jemanden, der schon einmal dort war, der das Eine erfahren hat und die Richtung kennt. Eine Wegweisung, die uns herausführen kann aus der Ichbegrenzung.

In genau solchem Sinn kann dieses Buch von Silvia Ostertag uns Wegbegleitung sein. Es liegen viele Fallen auf dem Weg, in die man hineingeraten kann: schöne Plätze, an denen man bleiben möchte, Berggipfel, die uns vorgaukeln wollen, wir seien am Ziel. Unser Ich spiegelt uns auch auf dem spirituellen Weg Dinge vor, die es nicht lassen möchte. Auch im transpersonalen Bewusstseinsraum gibt es Fußangeln, in denen man sich verfangen kann.

Dieses Buch ist ein Leitfaden wie der Faden der Ariadne, der Theseus durch das Labyrinth führte. Es ist wie ein Kompass, mittels dem man prüfen kann, ob die Weg-Richtung stimmt.

Willigis Jäger

DANK

Ich danke allen, die je mit mir zusammen das Sitzen in der Stille geübt haben, und zu denen ich Worte der Einstimmung, wie sie in diesem Bändchen zu finden sind, gesprochen habe.

Ich danke meinem Freund Dr. Wolf Büntig, der mir anlässlich unserer gemeinsamen Kurse den Anstoß gegeben hat, das zur Übung Gesprochene aufzuschreiben und zu veröffentlichen.

Ich danke meinen Lehrern Karlfried Graf Dürckheim und Willigis Jäger. Ihre Inspiration und Geduld haben mich immer ermutigt, meiner Übung treu zu bleiben.

Ich danke meinem Mann Albrecht für die sorgfältige Durchsicht des Manuskriptes und für die sehr hilfreiche Beratung bei der Auswahl der Texte.

Ich danke Albrecht, unserem Sohn Dominik, unserer Tochter Johanna und allen meinen Nächsten dafür, dass sie mir täglich Lehrer waren und sind.

Ich danke Stein, Pflanze, Tier und Mensch dafür, dass sie nicht aufhören, das Eigentliche zu offenbaren.

EINLEITUNG

STILLE ERINNERN

Die meisten Menschen – ich denke sogar alle, aber das kann man nicht überprüfen –, die meisten Menschen also wissen um eine Erfahrung mit der Stille. Wenn Sie sich Zeit lassen, sich zu erinnern, dann wissen Sie, dass Sie Stille erfahren haben als etwas Besonderes, etwas Gutes, etwas schwer zu Beschreibendes.

Wenn Sie sich Zeit lassen, sich zu erinnern. Dazu braucht man nicht viel Zeit. Es genügt, sich für einen Augenblick still sein zu lassen, zum Beispiel jetzt, ohne etwas zu suchen oder zu wollen; sich nur still sein lassen, offen dafür, dass in diesem Stillsein Erinnerung an Stille auftauchen kann. Die meisten Menschen erinnern sich dann.

Sei es, dass der Moment auftaucht, in dem nach stundenlangem Pressluft-hammerlärm plötzlich Feierabend war. Als ob eine große Welle von Stille sich über die gerade noch dröhnende Stelle legte und sich ausbreitete bis über die ganze Stadt und damit gleichzeitig bis in alle Zellen des eigenen Körpers hinein.

Oder sei es, dass man sich an eine Stille zwischen Tönen erinnert, die man irgendwann zum ersten Mal vernommen hat, obschon man das Musik-stück schon oft gehört hatte. Auf einmal diese Stille, wo bis dahin nur eine Pause war.

Oder sei es, dass man sich an einen Moment der Stille in einem Gespräch erinnert. Ein Augenblick, in dem alles gesagt war, auch das Nicht-Sagbare.

Sei es, dass man sich an eine alte Kirche erinnert, in der man einmal allein im Halbdunkel gesessen hat und die Stille einen vergessen ließ, wo man sitzt.

Oder sei es, dass man sich an einen Spaziergang durch den Wald erinnert. Sich erinnert, wie man in einem Wald gegangen ist, hin und wieder stehen blieb und horchend innehielt.

Das feine Rauschen des Windes in den Bäumen. Das kleine Rascheln in einem Gebüsch. Das Knarren eines Astes. Vogellaut. Man schweigt und lauscht. Manchmal ist nichts zu hören. Kein Laut. Kein Laut ist nicht nichts, obschon kein Laut nicht etwas ist.

Stille. Weit und breit. Stille führt zur Empfindung von weit und breit. Kein Laut. Weder außen noch innen. In dem Kein-Laut ist weder außen noch innen.

Obwohl sich nichts bewegt, obwohl nichts zu hören ist, ist alles da.
Wenn man vor lauter Stille für einen Moment die Luft anhält, atmet es doch.
Atemstille atmet. Wie die Bäume und der Wind. Und ich.
Lebendige Stille.

Da - da war wieder ein Rascheln. Und doch ist nichts unterbrochen.
Ein Vogelschrei - als ob er zur Stille gehörte. Für einen Augenblick weiß man, dass nichts diese Stille stören kann.

Die eigenen Schritte, wenn man weiter geht, - eine Weile scheinen auch sie - ganz und gar - dazuzugehören, zur Stille. Als ob Schritte nichts anderes seien als Stille.
Irgendwann aber hat man dies und das dazugedacht und ist aus dem Wald herausgekommen und hat auch die Stille verlassen. Man hat sie einfach vergessen, man weiß nicht, wie es gekommen ist.

Alles ist wieder gewöhnlich.
Ja, da war etwas Ungewöhnliches.

Im Erinnern ist es gerade wieder da. Obwohl man nicht im Wald steht. Da war es gerade wieder, das Stille. Ohne Wald. Ohne Rascheln. Ohne etwas.

Stille ist, sobald man Stille erinnert.
Und Stille ist, sobald man auf Stille horcht.

ES GENÜGT, AUF DIE STILLE ZU HORCHEN

Es genügt, auf die Stille zu horchen.
Man muss dafür nicht in die Wüste fliegen und auch nicht in einer alten Kirche sitzen. Nicht einmal in den Wald gehen muss man.

Man kann – wann immer man will – einkehren in die Stille in sich selbst.
Da ist ein Ort wie stiller Wald.
Da ist Schweigen weit und breit.

Wenn man eine Weile dort verbracht hat, bei sich in der Stille, dann wird man – gerade wie beim Herauskommen aus dem Wald – die Stille auch wieder vergessen. Aber das In-der-Stille-gewesen-Sein wirkt sich dennoch aus. So wie jedes kleinste Erleben von Stille, wenn man sich besinnt, sich immer Wirkung schuf, für eine kleine Zeit jedenfalls.

WIRKUNG VERWANDELT

Vielleicht nur ganz fein, aber doch in die Richtung, als ob die Ohren in dem, was sie hören – ohne zu wollen -, etwas hören, was gar nicht mit Ohren zu hören ist. In allem, in jedwedem Ton oder Geräusch. Als ob die Augen in dem, was sie schauen, etwas schauen, was nicht mit Augen zu sehen ist. In allem, im Baum, im Fensterrahmen, im Hund, im Menschengesicht.

Und man weiß oder ahnt, dass man gerade durch das, was die Sinne und der Verstand nicht greifen können, berührt oder ergriffen ist. Was ergreift, ist dies Unbeschreibbare selbst, wodurch man sich auf unvergleichliche

Weise verbunden fühlt, als sei man eins mit jedem Klang und jedem Ding und jedem Lebewesen, eins mit einem einzigen unbeschreibbaren Selbst.

Wie könnte man – aus solcher Verfassung – anderes wollen als das Wohl jeder Kreatur? Wie könnte man anders als wohl zu wollen?
Wie könnte man, wenn man in solcher Verfassung bliebe.

Aber man bleibt nicht. Ob man nur gestreift wurde oder ob man durch und durch erschüttert ist von solchem Erfahren, die Verfassung wird nicht standhalten dem allzu gewohnten Denken und Fühlen, in welchem man nur für wahr nimmt, was sich auseinander halten lässt.

In meist unbemerktem Kampf gegen den und das erhärtet man täglich solche gewohnte Sicht und zum Ausgleich wird man hin und wieder auf diese oder jene Weise Sinne und Verstand betäuben, um in der Illusion von Wir-sind-alle-eins das Auseinanderhalten auszuhalten, und um so aber das eine Einende im einzigartig Einzelnen zu verraten.

So sind wir.
Wir sind aber nicht nur so. Wir ahnen, und manchmal erfahren wir – unversehens – die andere Wirklichkeit. Und empfinden von dort wohl eine Art Verheißung zu mehr und mehr Erkennen, wer wir eigentlich sind. Mehr und mehr meint, dem Erkennen des Eigentlichen mehr und mehr Raum zu geben und es mehr und mehr in sich und durch sich hindurch wirken zu lassen.

SITZEN IN DER STILLE IST EIN WEG

Viele Menschen folgen heute solcher Verheißung und machen sich auf den Weg und suchen dafür die Stille nicht nur für einen Augenblick der Erholung, sondern im Sinne einer Übung.
Wenn wir zu einer Übung gefunden haben, sind wir noch immer so, wie wir sind. Es gibt nur wenige Heilige, obschon so viele Menschen sich auf den Weg gemacht haben.

Aber doch verändert sich nach und nach etwas, vielmehr alles, sobald man sich in eine Übung der Stille begibt.

Stille kann man nicht machen. Stille ist da, sobald man nichts macht. Deshalb geht es in der Übung der Stille gerade darum, so „nichts wie möglich" zu machen.
Das ist leichter gesagt als getan. Man kann es ja einmal versuchen. Für ein paar Minuten gerade jetzt einfach nichts tun, gar nichts machen. Aber jetzt ist wohl ein ungünstiger Zeitpunkt. Man hat sicher gerade etwas Wichtigeres zu tun, und sei es weiterzulesen. Das ist das erste Hindernis. Fast immer hat man etwas Wichtigeres zu tun als nichts zu tun, als nur in der Stille zu sitzen.

Wenn man sich auf das In-der-Stille-Sitzen als Übung einlassen will, ist es darum günstig, zu einer immer gleichen Zeit die Übung anzugehen. Am Morgen zum Beispiel, noch bevor man gefrühstückt hat und solange einem noch nicht viele Eindrücke und Pläne durch den Kopf gehen. Aber es kann natürlich auch am Abend sein oder irgendwann. Wenn es nur eine Zeit ist, die man sich von außen festlegt, um dann nicht sagen zu können, man habe jetzt etwas Wichtigeres zu tun.

Wenn die Übung der Stille sich auswirken soll bis in alle unsere Erfahrungs- und Handlungsbereiche hinein, wenn sie unseren Alltag verwandeln soll, dann verlangt sie eine gewisse Dauer. Fünfundzwanzig Minuten sind eine gute Zeit. Aber das ist nur eine Richtlinie. Jede Minute in der Stille zu sitzen ist mehr, als es nicht zu tun. Man wird herausfinden, welche Zeitspanne für einen gut ist und welches Ritual einem angemessen ist, um sich für die Übung zu bereiten. Zum Beispiel eine Kerze anzünden und sich mit einer Gebärde der Achtung, mit einer Verneigung, dem Platz für die Stille zuwenden.

EINLADUNG UND HERAUSFORDERUNG

Sich in die Stille setzen und wirklich nichts machen, das ist, wenn man nicht gerade in einer schönen alten Kirche sitzt oder horchend im Wald innehält, eine nicht geringe Herausforderung.

Die Hände in den Schoss legen, das ginge noch. Den Mund für eine Weile geschlossen halten auch. Aber die Gefühle still sein lassen und die Gedanken zum Schweigen bringen, das ist eine andere Sache. Für die Stille ist es die entscheidende Sache. Natürlich nicht, weil es ungut wäre, zu fühlen und zu denken. Es wäre sehr gut, tiefer fühlen und klarer denken zu können. Es wäre sehr gut, vom Gefühl nicht blind gepackt und von ungewollten Gedanken nicht zerstreut zu werden, sondern aus gefühlter Verbundenheit neue Gedanken zu erschaffen. Die Stille reinigt unser Fühlen und Denken von unseren zwanghaften Identifikationen gerade dadurch, dass Fühlen und Denken für diese Zeit im Schweigen ruhen.

So haben verschiedene spirituelle Traditionen von alters her für das Sitzen in der Stille methodische Hilfen entwickelt. Allen gemeinsam ist das Ziel, das gegenständlich fixierende Bewusstsein einkehren zu lassen in die Stille, das gewöhnliche Tagesbewusstsein vollkommen schweigen zu lassen, so dass der Übende in seiner Seelentiefe Anschluss finde an seinen Wesensgrund und damit erwache in seine Urverbundenheit mit allem, was ist.

HALTUNG, ATMUNG, SAMMLUNG

Allen Traditionen gemeinsam ist somit auch die Empfehlung, seinen Geist in einer bestimmten Weise zu konzentrieren. Indem man die Aufmerksamkeit auf ein Einziges richtet, löst man sich von dem Vielen, was zerstreuen will. Indem man bei dem Einen bleibt, schmilzt die Aufmerksamkeit selbst allmählich mit diesem zusammen. Entscheidend ist, dass man an dieser Schwelle, an welcher gegenständlich greifendes Bewusstsein in Schweigen übergeht, nicht ins Dösen oder Träumen abgleitet, nicht zurückfällt in eine Verfassung ohne Konzentration, sondern sich hineinwachen lässt in inständliches Schauen.

Darum achte man auf eine wohl gespannte Sitzhaltung. Ob man auf dem Stuhl oder auf einem niedrigen Bänkchen oder auf einem Meditationskissen sitzt, ist nicht an sich bedeutend. Nur ist es für die Konzentration leichter, im möglichst nahen Kontakt mit dem Boden zu sitzen. Wichtig ist der gelöst aufrechte Rücken und die gerade und freie Kopfhaltung, die einen freien Atemfluss gewährleisten.[1]

Die Atembewegung selber eignet sich denn auch – neben anderen Konzentrationsmöglichkeiten im Sinne des Zen oder der Kontemplation – vorzüglich, um die Aufmerksamkeit zu binden. Ob man dabei die Atemzüge zählt, ob man mit einem Atemstrombild[2] beginnt oder ob die Aufmerksamkeit einfach dem Atem folgt, ist nicht entscheidend. Der in die Wahrnehmung genommene Atemfluss selbst wirkt sich wiederum auf die Aufmerksamkeit aus, er vertieft und verinnerlicht das Horchen auf die Stille.

Mehr und mehr fließt die Aufmerksamkeit gleichsam in den Atem hinein, mehr und mehr füllt Atmen die Wahrnehmung aus, mehr und mehr vereinigt sich die Aufmerksamkeit mit dem Atem selbst. Mehr und mehr ist es um diesen Vorgang herum still geworden. Mehr und mehr wird dieser Vorgang selbst Stille. Mehr und mehr ist nichts anderes als Stille.

LAUTER STILLE

Dann ist alles, was ist, von dieser Stille, ob es ein Laut ist oder ein aufsteigendes Gefühl oder ein Gedanke.
Bis diese Verfassung wieder schwindet, vielleicht nach einer Sekunde oder nach einer längeren Zeit. Bis sie wieder kommt – vielleicht nach ein paar Minuten oder nach Wochen – und wieder schwindet und wieder kommt und allmählich ihre Spur deutlicher und deutlicher hinterlässt, so dass man im Alltäglichen immer wieder unvermutet erinnert wird an den Geschmack von Stille und sich wundert, wie Situationen und Themen und Probleme sich allmählich in anderem Licht zeigen, als ob ein unbesiegbares Wohlwollen in ihnen aufdämmere.

---

[1] Siehe dazu „Hinweis zur Praxis" am Ende des Buches.

[2] Zum Atemstrombild siehe „Hinweis zur Praxis" am Ende des Buches.

Allerdings geschieht solche Integration von Erfahrung der Stille in die Gesamtpersönlichkeit und damit in den Alltag hinein sicher oder jedenfalls meist nicht naht- und dramalos. Denn was sich dabei wandeln will, ist nichts Geringeres als das Verständnis von allem und von sich selbst. Es ist uns, seit wir der unbefangenen Kindheit entwachsen sind, mehr als geläufig, alle unsere Wahrnehmungen zu interpretieren und ihnen Wert und Bedeutung zu geben entsprechend unseren bisherigen Kenntnissen und unserem vergleichenden Urteilsvermögen, und wir sind gewohnt, uns selbst aus der Identifikation mit unseren Meinungen zu definieren. Ich bin jemand, der so denkt und fühlt und das kennt und jenes meint.

Die Sicht, die sich aus der Erfahrung von Stille ergibt, durchkreuzt diese in sich sinnvolle Verständnis- und Verständigungsebene als eine vollkommen andere Erkenntnisdimension. In ihr offenbart sich jedes Phänomen als Solches und als Ganzes, als das Eine selbst.

Für das Ichbewusstsein, das an alter Sicht hängt, ist das Aufdämmern von neuer Sicht wie Tod.
Es wehrt sich und kämpft, bis es verliert und sich lässt und dabei entdeckt, dass es neugeboren ist aus der Mitte des Kreuzes, in welcher sich unterscheidendes Erkennen und die Erfahrung von Einssein widerspruchslos durchdringen. Das ist ein langer Entwicklungsweg, der für den einen und anderen durch Krisen und Nöte, durch dunkle Täler führen wird.

Eine Schwierigkeit dabei ist, dass man sich um so weniger lassen kann, je weniger man sich so lassen kann, wie man ist. Konkret auf die Übung bezogen meint das, dass Schweigen einem um so schwerer fällt, je unversöhnter man mit sich selbst ist.
Umgekehrt gesagt: Je eher man sich lässt, wie man ist, um so leichter lässt man sein Ich. Und um so eher verwandelt man sich. Und um so mehr Verwandlungsimpuls geht von einem aus.

Die Schwierigkeit bei der Schwierigkeit ist, dass man meist gar nicht weiß, in welcher Weise und Beziehung man sich nicht lassen kann. Denn das Schlimme liegt oft im Schatten des Bewusstseins: der Neid, die Gier, der Hass, die Angst oder was auch immer man für sich selbst unannehmbar finden würde. Aber man wird in der Übung des Sitzens – Gott sei Dank – früher oder später mit genau diesen Schattenzügen konfrontiert, wenn man es ernst meint mit der Stille, wenn man sich nicht Wirkung einredet, bevor sie anders eintritt als erwartet.

Man wird solche Auseinandersetzung erfahren als einen Reinigungsakt. Man wird sich darin von der Verheißung und von der Übung selbst geführt wissen. Und man wird wissen, ob und wann man einen weiterführenden Impuls von außen braucht.

ZUR ÜBUNG UND ZU DEN TEXTEN

Das Sitzen in der Stille ist eine Übung, die man grundsätzlich ohne jede Voraussetzung und allein tun kann und von der man in unterschiedlichem Maß nehmen kann.
Wer sich ganz einlassen will, wird gut daran tun, sich eines Tages an eine Übungsgruppe anzuschließen und vor allem eine erfahrene Begleitung zu suchen. Ein Buch kann solche persönliche Führung nicht ersetzen.
Es kann und will nur Anregung zur Übung und Spiegel für Erlebtes sein.

Die Kapiteleinteilung darf man nicht als Übungsaufbau verstehen. Denn in jedem Sitzen in der Stille geht es um Ankommen, um Üben, um Stille, um Jetzt, um Auseinandersetzung mit Hindernis und Schatten. Das Kapitel „Worum es geht" ist nicht als theoretischer Abriss, sondern auch als Einstimmung in die Stille gedacht.

Die meisten Texte sind im direkten Ansprechen einer Gruppe entstanden und danach aufgezeichnet und für die schriftliche Fassung umformuliert worden. Um den Leser nicht mit einer direkten Anrede in Form von „Du", „Sie" oder „Ihr" zu vereinnahmen, habe ich in den anleitenden Textteilen die eher freilassende, dafür etwas spröde und umständliche Infinitivform gewählt. So kann man hoffentlich Spielraum verspüren im Herankommenlassen von dem, was einen angehen möchte und Freiraum empfinden gegenüber dem, was einen nicht antrifft. So möge man ankommen in seiner ureigenen Stille.

ES GENÜGT, AUF DIE STILLE ZU HORCHEN

Es genügt,
auf die Stille zu horchen.
Die Stille holt uns dort ab,
wo wir gerade noch waren
mit unseren Gedanken und Gefühlen.

Es genügt,
auf die Stille zu horchen.
Die Stille bringt uns dahin,
wo wir jetzt sind,
gerade hierher,
in diesen Raum,
an diesen Platz
an diesem Morgen.

Es genügt,
auf die Stille zu horchen.
Die Stille schließt ein,
was werden will.
Was auch immer
dieser Tag uns bringt,
es ist aufgehoben
schon immer
in dieser Stille
jetzt.

Es genügt,
auf die Stille zu horchen.

ANKOMMEN

Mich ankommen lassen
in diesem Raum, an diesem Platz,
in diesem Leib und in dieser Haltung,
in dieser meiner Form.

Spüren, wie ich über Becken und Beine verbunden bin
mit dem Boden, mit der Erde.
Spüren, wie dieser Boden mir die Wahrnehmung meiner selbst gibt,
gerade da, wo ich ihn berühre,
so, dass überflüssige Spannung,
mit der ich meinte, mich halten zu müssen,
sich von selbst auflöst.

Spüren oder ahnen,
wie da Raum ist über meinem Kopf.
Innerlich hineintasten und hineinwachsen
in diesen Raum über dem Kopf,
ohne den Kontakt zum Boden zu verlieren.

Von dieser feinen aufrechten Spannung aus
die Beziehung wahrnehmen von einer Hand zur anderen,
dieses Bei-mir-sein im Kontakt der Hände zueinander.
Von da aus, von diesem Bei-mir-sein aus,
den weiten Umraum ahnen.

Ankommen im Atem,
Einatem kommt, ich nehme ihn – woher eigentlich?
Ausatem geht, ich gebe ihn – wohin eigentlich?

Atem kommt oder geht,
~~mein Atmen atmet Atem.~~
~~Atem atmet mein Atmen~~
in diesem Ein, in diesem Aus.
bist Du da.

24

JA

Sich ankommen lassen hier.
Wahrnehmen, was zu fühlen ist jetzt.
Vielleicht ist es Müdigkeit.
Oder Wachheit.
Vielleicht ist es Gelassenheit.
Oder Ärger.
Bangen
oder Freude.
Oder Aufregung.
Wut
oder Trauer.
Oder Heiterkeit.

Die stille äußere Haltung,
in der wir in jedem Fall dasitzen,
diese stille Haltung
sagt als Haltung
einfach Ja dazu.
Ja, so ist es.
Ja, Müdigkeit!
Ja, Bangen!
Ja, Heiterkeit!
Ja, ja.

Das nüchtern stille Ja ist,
sobald es durch und durch geht,
dieses kleine Ja ist selbst
vollkommene Stille.
Dieses kleine Ja
ist alles umschließende Wärme.
~~Dieses Ja.~~ In diesem Ja ist Gott selbst da
Gott, in diesem Ja biel du selleit da.

DASEIN

Sich innerlich ankommen lassen an diesem Ort und Platz.
Den Kontakt wahrnehmen zum Kissen, Bänkchen oder Stuhl,
auf dem man sitzt,
und so die Beziehung zum Boden spüren, zur Erde.

Den Kontakt wahrnehmen vom Scheitel aus zum Raum über dem Kopf
und so die nach oben strebende Beziehung spüren – Richtung Himmel.
Auch den Raum um sich herum spüren oder ahnen
und so sich ankommen lassen in der Beziehung zur Umgebung.

Den Atem wahrnehmen, wie er geht und kommt,
und so sich ankommen lassen in sich selbst.

Manche Menschen meinen,
das Sich-ankommen-Lassen sei die Vorübung,
und wenn man dann angekommen sei,
dann beginne das eigentliche Dasein.
Wenn man das meint,
kommt man nie an im Dasein.

Denn Dasein ist ein ununterbrochenes
Sich-ankommen-Lassen
in der Beziehung nach unten und oben,
zu Erde und Himmel,
in dieser Beziehung,
die sich ausdrückt
in der aufrechten Haltung unseres Sitzens – jetzt.

Und Dasein ist ein ununterbrochenes Sich-ankommen-Lassen
in der Bewegung zwischen innen und außen,
in dieser Lebensbewegung,
die sich ausdrückt
in unserem Atem – jetzt.

sich ankommen lassen in der Gegenwart Gottes
26 *sich ankommen lass bei Dir*

AUFATMEN

Sich ankommen lassen,
hier, jetzt.
Sich so dasitzen lassen,
als sei man gerufen,
jetzt hier dazusitzen.

So dasitzen,
als sei nichts anderes
mit einem gemeint,
als jetzt hier dazusitzen.

Jetzt ist nur das gemeint.
Jetzt bin ich gemeint.
So wie ich jetzt bin.
Ausatmen.
Aufatmen.
Atmen.

Dasein vor Gott

ES BRAUCHT KEINE ZEIT

Manche Menschen meinen,
es brauche immer Zeit,
um innerlich im Raum der Stille anzukommen.

Wie wäre es,
wenn man dieses Muster
einfach einmal fallen ließe,
um nur zu spüren,
wie man gerade jetzt dasitzt
im Kontakt zum Boden
und damit zur Erde,
in diesem Erdkontakt,
der weder hier noch dort kennt.

Wenn man sich nur spüren ließe,
wie man dasitzt gerade jetzt
im Kontakt zum Raum über dem Kopf
und damit zum Himmel,
in diesem Himmelskontakt,
der weder gestern noch heute kennt.

Wenn man sich spüren ließe,
wie man dasitzt im Kontakt
zum Atemgeschehen
und damit im Seinskontakt,
der nicht Leben und Tod kennt.

Wenn man sich sitzen ließe
in diesem Sein,
das jetzt ist,
hier.

WEITE

Einfach wieder
mich einlassen
auf diese Weite,
die atmet,
als sei sie mein Atem.

Einfach wieder
mich einlassen
auf diesen Atem,
der sich weitet,
als sei er die Weite.

Einfach wieder
mich einlassen
auf diese Stille,
die mich lebt.

Einfach wieder
mich einlassen
auf dich, Gott
[auf deinen Lebenshauch]
auf deinen Atem,
der mir Leben ein haucht
gerade jetzt.
Gerade hier.

ENDLICH WIEDER

Endlich sitzt man wieder da.
Man hat sich durchgerungen
trotz des Dringenden,
das laut zu rufen schien.

Man hat die Tür hinter sich zugemacht
und sitzt wieder da.
Die Kerze hat man angezündet
und man hat sich verneigt.

Man hat sich hingesetzt
und die Kleidungsfalte
sorgfältig zurechtgestrichen.

Die Hände hat man ineinander gelegt.
Daumen berühren sich.
Die Augen halb geschlossen.

Jetzt sitzt man endlich wieder da.
Sitzt da.
Jetzt.
Da.

STRESS

Manche Menschen machen sich aus allem einen Stress,
auch aus dem Sitzen in der Stille.
Sie schätzen es kaum,
dass da jetzt einfach
dieses Stillsitzen ist.
Dass man in dieser Übung
jetzt einfach sein darf.
Dass da jetzt dieser Raum ist,
in dem man
sein darf.
Dass da Zeit ist,
in der man
weilen darf.
Dass da dieser Leib ist,
in dem man
wohnen darf.
Dass da dieser Atem fließt,
mit dem man
leben darf.
Dass da diese Stille ist,
in der man
schweigen darf.
Dass da diese Stille ist,
die man selbst
einfach sein darf.
Dass du da bist, Gott
Manche Menschen schätzen das kaum.

VERRAT

So laut war der Tag.
Wie ein Verrat
an der Stille des Morgens.

So laut war man selbst.
Verräter der Stille.

Sobald man aber
wieder ankommt
in der Stille,
weiß man,
dass es Verrat nicht gibt.

Stille kann nicht
verraten werden,
von niemandem – nie.

Sobald man
in der Stille ankommt,
weiß man das.

ÜBEN

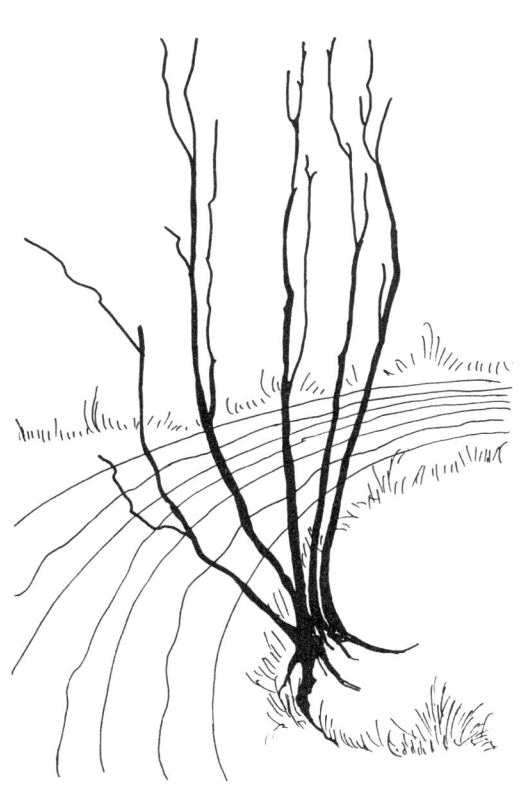

ANFANG

Jetzt fängt die Stilleübung wieder an,
so wie sie jeden Morgen
wieder beginnt.
Dieser Raum
ist wieder für mich da,
so wie jeden Morgen
Raum auf mich wartet.

Die Blume, die Kerze
sind wieder für mich da,
so wie jeden Morgen
etwas für mich bereitet ist.

Das Leben ist wieder da für mich,
wie an jedem Morgen.

Jetzt fängt es wieder an – mit mir.
Mit meinem Dabeisein
soll es beginnen.
Mit meinem Drinsein.
Mit meinem Atmen.
Mit meiner Stille.
Mit mir.
Mit jetzt.

ANFÄNGERGEIST

Man übe mit Anfängergeist!
Was aber ist Anfängergeist?
Das ist ein Geist,
der nicht vergleicht,
weil er nicht weiß, wie es sein müsste.

Das ist ein Geist,
für den alles vollkommen neu ist,
weil er nicht schon alles kennt.

Das ist ein Geist,
der einfach nur teilnimmt an dem,
was gerade geschieht.

Was geschieht gerade?
Atem fließt.

Wenn ich nicht vergleiche mit Atem davor,
dann ist dieser Atemzug vollkommen neu.
Ich selbst bin vollkommen neu
in diesem Ein und Aus,
ich Anfängergeist.

Ach, wie anders wäre wohl diese und jene Situation und Begegnung,
wenn ich nur gerade auch so an ihr teilnehmen könnte im Anfängergeist!

Anfängergeist denkt sich nicht aus,
wie etwas wäre.
Anfängergeist ist nur hier.
Hier und jetzt bin ich neu.

ATEM-AUFMERKSAMKEIT

Wenn die Aufmerksamkeit
sich auf den Atem richtet,
dann trägt der Atem
die Aufmerksamkeit
wie von selbst.

Und obwohl
Aufmerksamkeit
auf dem Atem
aufruht,
gehen ihre Fühler
unmerklich
dem Atem
eher
etwas voraus.

HINDURCHSCHAUEN

Was auch immer aufsteigt
an so genannter Störung,
ob Gedanke, Gefühl oder Schmerz:

Man könnte,
anstatt sich zu wehren,
vom Atem aus
einfach hindurchschauen
bis zur Stille.

ALS OB

Meist, wenn man sich in diese Haltung
des Sitzens in der Stille gibt,
stimmt es noch nicht.

Die stille Haltung stimmt nicht überein
mit dem Lärm und der Unruhe,
die innen zu vernehmen sind.

Man sitzt da, als ob.
Als ob man still sei.
Manche Menschen versuchen,
das zu überfühlen.
Sie tun auch innerlich „als ob"
und bilden sich Stille ein.

Vielleicht ist die Wirkung dieses Sitzens dann
eine „Als-ob-Gelassenheit",
in der man sich verbirgt,
anstatt sich zu finden.

Besser ist,
die Reibung wahrzunehmen
zwischen äußerer Haltung
und innerer Verfassung.

Die Übung ist dann,
mitsamt der Unruhe,
mit allem inneren Lärm
sich der stillen Haltung
bewusst zu unterziehen,
bis man allmählich teilnimmt an dem,
was Stillehaltung meint und bewirkt.

HERAUSFORDERUNG

Manche Menschen fühlen sich
ganz automatisch überfordert,
sobald sie nur gefordert werden.

Als ob Leben sie nicht fordern dürfte,
herausfordern aus stumpfer Gewohnheit,
hineinfordern in die Berührung
mit dem, was ist,
und mit dem, was werden will.

Unser Leben ist aber nichts anderes
als diese Herausforderung.
Die Einladung, zu erleben, was ist.
Und im Erleben zu antworten
auf das, was daraus werden will.

Gerade jetzt fordert
mein Leben mich heraus,
heraus aus meinem stumpf dasitzen,
hinein in diesen Atemzug,
hinein in mein erlebendes Antworten
auf das, was mit diesem Atemzug
aus mir und durch mich werden will.

Wie ist Atmen,
wenn ich mich fordern lasse?

BALANCE

Gleichgültig,
mit welcher persönlichen Weise
der Konzentration
wir in die Stilleübung gehen,
immer geht es darum,
eine Balance zu finden
zwischen dem mehr aktiven
Steuern der Aufmerksamkeit
und einem mehr passiven
Geschehenlassen.

Manchmal und womöglich mehr und mehr
balanciert es sich wie von selber aus.
Dann ist kaum mehr
Hin und Her,
dann ist gleichzeitig Tun
ganz und gar
und Lassen
durch und durch.

Dann ist nicht mehr Üben,
dann ist teilnehmendes Vollziehen
von Atemzug zu Atemzug.
Atemsein,
Stillesein,
Sein.

RHYTHMUS

Üben ist etwas Natürliches.
Alles Natürliche
folgt einem Rhythmus.
Rhythmus entsteht
durch Abwechslung.
Abwechslung
von Aus und Ein,
hoch und tief
oder hell und dunkel.

Warum wollen wir,
wenn die Übung gut geht,
dass es so bleibt?

Warum fürchten wir,
wenn die Übung schlecht geht,
dass es so bleibt?

Was stehen bleibt,
ist unnatürlich.

Das Herz des Rhythmus aber
ist die Dimension
des Unwandelbaren.

Unwandelbares
ist das Innerste
von Aus und Ein,
das Innerste
von meinem Hoch
und Tief.

QUATSCH

Eigentlich will man
in der Stille sitzen
und einfach
den Atem fließen lassen.
Aber da kommt einem
irgend ein Quatsch
in den Sinn.
So ein Quatsch.
Und noch ein
Quatsch kommt.
So ein Quatsch.
Quatsch!
Tsch
Sch

———

ES GENÜGT

Es geht nicht darum,
besonders gut zu üben.

Es genügt,
zu üben.

Es geht nicht darum,
dass es besonders still sei.

Es genügt,
schon das geringste bisschen Stille
ganz zu genießen.

GEDANKENSTILLE

Gedankenstille
kommt von selbst,
je weniger man sich
gegen Gedanken wehrt,
je mehr man
immer wieder
diesen Atemzug
kostet.

DRUCK

Manche Menschen sitzen in der Stille,
als ob sie
unter einem gewaltigen Druck stünden.

Wenn sie es bemerken,
versuchen sie
mit Gewalt,
sich diesem Druck
zu entziehen.

Warum nicht einmal versuchen,
in den Kiefergelenken
nur ein wenig nachzugeben,
als dürfe irgendwann
ein Lächeln
vorbeikommen?

LOSLASSEN

Loslassen
kann man nicht machen.
Am ehesten
geschieht Loslassen,
wenn man sich eingesteht,
dass man
nicht loslassen kann.

WORUM ES GEHT

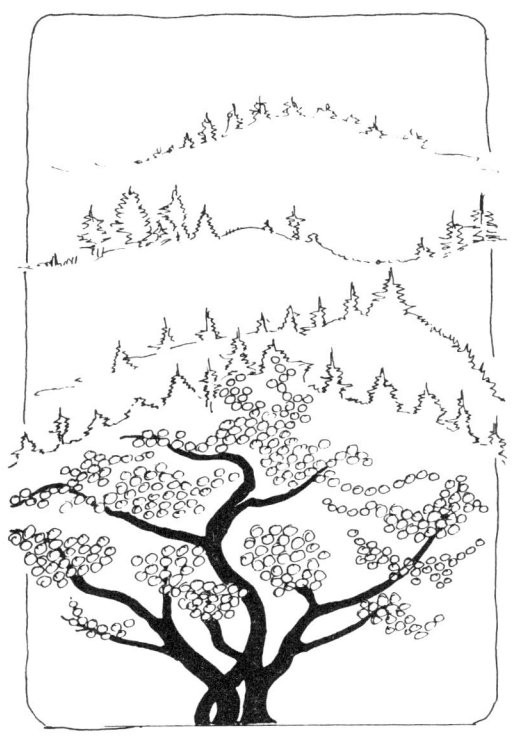

WORUM ES GEHT

Manche Menschen nehmen sich
nicht die Zeit
und das Recht
zum Sitzen
in der Stille,
weil es in der Welt schließlich
Wichtigeres zu tun gibt,
als auf seinem Kissen
zu hocken.

Andere nehmen sich
nicht das Recht,
ohne eine grundsätzliche Übung
an sich selbst
tagtäglich mitzumischen
an den wichtigen Dingen,
die zu tun sind
in der Welt.

Darum setzen sie sich
in die Stille,
damit Stille
heut für heut
sie verwandle.

NICHTDENKEN

Manche Menschen zweifeln,
ob eine Übung,
bei der das Denken
schweigen soll,
geistige Entwicklung
zu fördern vermag.

In der Gedankenstille
wird aber
die Fähigkeit zu denken
gereinigt von der Identifikation
mit unbewusst übernommenen Konzepten
und von triebhaftem Ausleben
intellektueller Phantasie.

Im Teilnehmen an Stille
übt sich Teilnehmen
an Gedachtem und an Denken.

Teilnehmen am Gedanken
ist aber Voraussetzung
zu schöpferischem
Handeln.

Darum suchen manche Menschen
das Nichtdenken in der Stille.

WER BIN ICH

Sich in eine spirituelle Übung zu begeben,
kommt immer von der Frage: Wer bin ich?

Sitzen in der Stille ist nicht gemeint als Gelegenheit,
nachzudenken über diese Frage.
Nachdenken führt nicht
in den Wirklichkeitsakt hinein.

Sitzen in der Stille ist gemeint als Gelegenheit,
mit dieser Frage in Berührung zu sein gerade jetzt.
Wer bin ich in diesem Atem?
In diesem Aus und Ein?

Allerdings, indem ich fragend schaue,
schaffe ich just
Distanz zu meinem Atem.
Hier schaue ich,
dort atmet es.

Wenn ich aber,
ausgehend von der Frage,
mich einlasse,
mich ganz hineinlasse
in dieses Aus und Ein,
dann vergesse ich die Frage.

Vergesse Aus und Ein,
vergesse, wer hier sitzt
und nach sich fragt.

Atmendes Vergessensein
weiß sich selbst durch mich.

PRÄSENZ

Sitzen in der Stille führt in Präsenz.
Präsenz ist übergegensätzlich.
Übergegensätzlich meint,
gleichzeitig zu sein
und nicht zu sein.

Wie kann ich
in meinem Atem
sein
und
nicht sein?

Die Übung ist nur,
die Sinne zu sammeln
und sich hineinzubegeben
in diesen Einatem,
in diesen Ausatem.

Sich hineinbegeben
bis zum Einssein
mit diesem Ein,
mit diesem Aus.

Im Einssein mit Atem ist
kein Atem und kein Ich.
Kein Drin und kein Draußen.
Kein Etwas und kein Nichts.
Im Weder-Noch ist Präsenz,
Atemzug für Atemzug.

Man muss das nicht verstehen.
Es genügt,
wenn man es erfährt.

Man muss nicht
nach der Erfahrung suchen.

Es genügt,
wenn man sich hineinbegibt
in diesen Einatem,
in diesen Ausatem.
Jetzt und jetzt.

INNERES

Sitzen in der Stille ist eine Übung,
um ins Innere zu schauen.
Manche Menschen
suchen das Innere
innerhalb ihrer Haut
oder innerhalb ihrer Gefühle
oder Gedanken.

Das Innere aber hat keinen Raum.
Es reicht
bis zum Horizont.

Wenn das für jemanden wahr wird,
geht sein Atem aus und ein
am Horizont.

SEIN LASSEN

Sitzen in der Stille meint,
sich sein lassen.
Sich da sein lassen,
da, an diesem Platz,
in diesem Raum,
in diesem Leib,
in diesem Atem.
Sich sein lassen.

Sitzen in der Stille meint,
sich sein lassen.
Sich so sein lassen,
so, wie man ist,
wie man geworden ist,
stark und schwach,
gut und böse.
Sich so sein lassen,
so, wie man gerade jetzt hier ist.

Sitzen in der Stille meint,
sich sein lassen.
~~Sich dem Sein lassen.~~
~~Dem Sein,~~
~~das wird und wird,~~
~~nach dem Gesetz,~~
~~das sich selber schafft.~~

Sich dem Sein lassen,
das mich selber schafft,
~~als sein Jetzt,~~ gerade jetzt
gerade so,
gerade hier.
sich Dir lassen.
Dir.

53

GOTT SCHLÄFT IN DEN STEINEN

Gott schläft in den Steinen,
atmet in den Pflanzen,
träumt in den Tieren und
erwacht im Menschen.
              Wort aus der Sufi-Tradition

Sitzen in der Stille meint
hineinschauen
in das Stillesitzen jetzt,
das da so still sitzt
wie schlafender Stein.

Sitzen in der Stille meint
hineinschauen
in das Atmen jetzt,
das da so still atmet
wie eine Blume
oder ein Baum.

Sitzen in der Stille meint
hineinschauen
in das Träumen und Fühlen jetzt,
das da so still träumt und fühlt
wie eine Katze
oder ein Käferlein.

Sitzen in der Stille meint
hineinschauen
in das eigene Schauen,
auf dass dieses Schauen
aufwache an dem,
was es schaut,
an dem Fühlen und Träumen,
an dem Atmen,
an dem einfach still hier Sitzen.

Auf dass das Schauen
aufwache zu dem,
der da schläft wie ein Stein,
atmet wie eine Pflanze,
träumt wie ein Tier.
Schaut wie ein Ich.

ZERBROCHEN

Manchmal, aus Stille kommend,
ahnt man das Vollkommene.

Von dieser Ahnung aus
ist man vielleicht immer wieder
um so mehr enttäuscht,
dass das Vollkommene
sich nicht realisiert.

Vollkommenes ist ganz.
Ganz zeigt sich nur,
in dem es auseinander fällt
und zerbricht in Teile.
Auseinanderfallen
ist die Wirklichkeit.

Selbst ein Teil des Ganzen,
ahnt und erfährt man aber,
sobald man das Zerbrochene ganz nimmt,
in sich selbst
und in jedem anderen Teil,
die eine Ganzheit.

Die ganze Wirklichkeit
der zerbrochenen Ganzheit.

Im ganz und gar Nehmen
ist das Zerbrochene
ganz und gar
das Vollkommene,
in Wirklichkeit.

WANDLUNG

Wenn wir einmal etwas von der Wandlung,
die durch Üben geschieht,
zu spüren bekommen,
dann sind wir immer überrascht.

Denn die Wandlung selbst
bemerken wir kaum.
Sie geschieht
in tiefsten Schichten
unserer Seele,
unabhängig davon,
ob wir uns beim Üben
gut oder nicht gut fühlen.

Darum ist es nicht so wichtig,
wie es uns heute beim Üben geht.
Wichtig ist,
dass wir dranbleiben.

WAS BRINGT ES?

Eigentlich ist man noch zu müde.
Eigentlich hat man heute keine Zeit.
Was soll es dann bringen,
dieses in der Stille sitzen?

Was bringt es überhaupt?
Bringt es etwas?
Bringt es?

Nun, da ich dasitze,
bringe ich jetzt einfach mich.
Bringe mich hinein in diese Stille.
Bringe mich in diesen Atem,
in dieses Aus und Ein.
Bringe mich und mich.
Bringe mich.

STILLE

BEREIT

Da sitze ich in der Stille.
Bin ich bereit für Stille?
Bereit sein ist alles.
Stille ist Gnade.

STILL

Ich denke,
ich sollte still sein.
Still sein,
denke ich.
Ich denke:
still.
Still
denke ich.
Still.
Ich
still.

BLÜTENDUFT

Wie kann man nur
seine Sinne
zum Schweigen bringen?

Dieser Blütenduft,
der da durch das Fenster weht!

Man muss nichts zum Schweigen bringen.

Schweigt er nicht selber –
dieser Blütenduft?

AM RANDE DES ABGRUNDS

Manche Menschen
meinen,
Stille finde sich
irgendwo
im Paradies.

Wirkliche Stille aber
findet sich
am Rande
des Abgrunds.

GANZ

Die Stille macht
jeden Augenblick
ganz.
Voll.
Vollkommen.

Die Stille macht
auch Schmerz
und Leiden
ganz.
Voll.
Vollkommen.

JETZT REICHT ES

Meist kommt
tiefere Stille,
wenn man
über die Schwelle von
„Jetzt-reicht-es"
hinübergesessen hat.

Wenn man einfach
geblieben ist,
als man gerade
sich entziehen wollte.

NUR GEDANKEN

Nur Gedanken heute,
wieder und wieder Gedanken,
und keine Spur
von Stille.
Ich kann machen,
was ich will.
Eben nicht.
Ich kann nicht
nicht denken.
Ich kann nicht.
Es ist so.
Machen wird still.
Wollen wird still.
Ich werde still
mitten in
Gedanken und
wieder Gedanken.
Still.

ERLEUCHTUNG

Schon so lange
sitze ich
in der Stille –
und noch immer
keine Erleuchtung.

Jetzt gebe ich es auf –
für Erleuchtung
zu sitzen.

Jetzt will ich nur noch
in der Stille
sitzen.

War es
je so still?

STILLE MUSS NICHT SEIN

Obwohl Stille immer und überall ist,
tritt sie nicht ein,
wenn man meint,
sie müsse sein.

Das Geheimnis der Übung ist:
Stille muss nicht sein.

Stille ist immer und überall,
sobald ich nicht meine,
Stille müsse sein.

SICH VERGESSEN

Auf die Stille horchen.
Horchen,
bis man sich selbst vergisst
in Stille hinein.

Sich in Stille hinein
vergessen,
bis man erwacht
als Stille selbst.

bis man erwacht in deine Gegwart

JE STILLER ES WIRD

Je stiller es wird,
um so mehr haben Geräusche
in der Stille Platz.
Oder umgekehrt:
Stille findet sich dann auch
in allen Geräuschen.

Je stiller es wird,
um so eher hat
auch das Gehen in der Stille Platz.
Oder umgekehrt:
Stille findet sich dann
in den Schritten.

Je stiller es wird,
um so mehr und mehr
hat auch der Alltag in der Stille Platz.
Oder umgekehrt:
Die Stille findet sich
dann im Alltag überall.

Jetzt,
in diesem Sitzen in der Stille,
muss man sich
darum nicht kümmern.
Jetzt genügt es wahrzunehmen,
wie es stiller wird.

Jetzt genügt es wahrzunehmen,
wie du dir in der Stille aurührst.

VERSTEHEN

Wenn man in der Stille sitzt,
soll einen nichts interessieren.
Nichts außer Nichts.

Das kann man falsch verstehen.

Wenn man in der Stille sitzt,
muss man nicht verstehen.
Nichts außer Nichts.

JETZT

UNZERSTÖRBAR

Ob ich lebe oder sterbe,
Es ist vollkommen
unzerstörbar.

Wenn ich danach suche,
finde ich Es nicht.

Und doch atmet Es
gerade jetzt
still
aus und ein.

GERADE JETZT

Wenn man hineinschaut in das,
was jetzt gerade ist,
wie es ist,
und dann nachschaut,
wie es kommt,
dass es so gekommen ist,
dann kann es sein,
dass man auf einmal meint,
dieses Jetzt
sei nichts anderes
als das Resultat
von gestern,
von einem lang-langen Gestern.

Wenn man hineinschaut in das,
was jetzt gerade wird,
so wie es wird,
dann kann man ahnen,
dass das Jetzt
auch von dem Morgen,
von einem groß-großen Morgen
unentwegt entzündet wird.

Wenn man hineinschaut in das Jetzt,
bis das Schauen selbst
mit dem Jetzt verschmilzt,
bis man selbst
nichts anderes ist als Jetzt,
dann mag es einem dämmern,
wie, was auch immer war und wird,
ein Ganzes ist,
ein ewig Gegenwärtiges.
Ein einziges Gerade-Jetzt.

WAS WAR?

Auf einmal
sitze ich wieder
hier in der Stille.

Was war
unterdessen?
War ich es?
Jetzt atmet es ein.

MITTE

In der Mitte
des Jetzt
ist keine Zeit.
Weder Vorher
Noch Nachher.
In dieser Mitte
jetzt.

KOMMEN UND GEHEN

Wahrnehmen, dass man dasitzt.
Wahrnehmen, wie Atem kommt und geht.
Immer wieder – kommt und geht.
Vorübergeht und wieder kommt.

Da ist kein Augenblick,
in welchem Atem steht,
feststeht,
jetztsteht.

Mitgehen mit dieser Bewegung,
mit dieser gehenden
und kommenden Bewegung,

So kommt und geht man selbst,
geht und kommt,
so,
wie in diesem Ein und Aus
Ewigkeit selbst , Gotts ~~Hauch~~ lebendige Hauch
kommt und geht
jetzt um jetzt.

LEBENSZEIT

Alle Dinge vergehen schnell.
Je mehr Lebenszeit verstreicht,
desto schneller scheint sie
vorbeigegangen.

Was soll man tun,
außer nicht daran zu denken?

Manchmal stelle ich mir vor,
eine Einminutenfliege zu sein.

Dann bleibt einem nichts übrig,
als ganz hineinzugehen
in dieses kleine Jetzt.

Dort gibt es nichts,
was schnell vergeht.
Dort ist Zeit wie Ewigkeit.
Wenn man ganz hineingeht
in dieses unermesslich kleine Jetzt.

GEDANKE

Ja, es kann schon sein,
dass ich eine ganze Weile
dieses und jenes gedacht habe.

Jetzt aber,
wo ich das denke,
jetzt
schwindet
auch das.

GEGENWART

Da atmet es wieder.
Ohne mein Zutun
atmet es diesen Fluss.

Ich will ihn nicht stören,
diesen Fluss,
nicht stören mit meinem Schauen.

Zurückziehen will ich mich
hinter mein Schauen.

Je mehr ich weiche,
desto mehr bin ich selbst
nichts anderes
als dieser Atemfluss.

Je mehr ich nicht bin,
desto mehr ist Gegenwart.
deine Gegenwart

STIMMUNG

Wenn man einfach so daher kommt
und noch gar nicht weiß,
ob man in der Stimmung ist,
um stillzusitzen,
findet man sich doch,
sobald man sitzt,
einfach da.

Und man muss nicht wissen,
in was für einer Stimmung
man gekommen ist.
Es genügt,
man ist jetzt da.

DAS EIGENTLICHE

Manche Menschen folgen
dem Denkmuster zu meinen,
das Eigentliche
werde morgen geschehen,
jedenfalls später,
jedenfalls nicht jetzt.
Dieser Moment jetzt,
der ist ja viel zu unbedeutend,
als dass er eigentlich sein könnte.

Natürlich wissen alle,
dass das Unsinn ist,
dass das Eigentliche
nur jetzt sein kann.

Weiß man es wirklich?
Geschieht einem das Eigentliche
jetzt,
im Lesen von diesen Worten?
Einfach im Lesen von diesem
was auch immer es sagt.

Im Sehen von diesen Buchstaben.
Diese Striche sehen,
die krummen und geraden.
Dieses Eigentliche.

KLACK

Die Stille wird ja
äußerlich
in den meisten Fällen
hin und wieder
unterbrochen
durch ein Geräusch
von der Straße
oder durch den Laut
einer Stimme
oder durch das Klacken
einer Tür.

Manchmal
ist es eine Störung.
Manchmal hört man es nicht,
obschon man es hört.

Einmal aber ist
das störende Geräusch
vielleicht unvermutet das,
worauf man
eigentlich
gewartet hat.
Ein kleines Klack,
das alles erfüllt.

ES LEBEN

Manche Menschen leben
fast ununterbrochen
im Konditionalis.
Sie würden leben, wenn.
Unbewusst stellen sie
Bedingungen an das Leben,
bevor sie es leben.

Die Grundbedingung,
die wir stellen, ist,
dass es besser sein soll.

Wenn mein Leben besser wäre,
dann könnte ich es leben.
Wenn die anderen besser zu mir wären,
dann könnte ich mit ihnen leben.
Wenn ich selbst besser wäre,
dann könnte ich mich leben.

Das Leben ist aber jetzt gerade nicht besser.
Die anderen sind es auch nicht.
Und ich auch,
ich bin jetzt gerade nicht besser als ich bin.

Alles ist jetzt gerade, wie es ist.
Ich habe nur die Freiheit,
mich darauf einzulassen
oder mich dagegen zu sträuben.

Allerdings: Ob ich mich darauf einlasse
oder ob ich mich sträube,
in jedem Fall lebe ich
gerade jetzt gerade dieses Leben.

Ich kann gar nicht anders,
als ES zu leben.
ES,
das große Leben als mein Leben.

Einlassen ist ES,
mich Sträuben ist ES,
darüber nachdenken ist ES,
das Nachdenken lassen ist ES,
Stille ist ES.

NICHTWISSEN

Gerade war es
vollkommen still.
Doch,
indem ich es
bemerke,
ist es
verloren.

Bemerken ist
laut.

Nicht bemerken
ist die Übung.
Ganz wach
nicht bemerken.

Wie?
Die Frage ist
laut.
Nichtwissen
ist die Übung.

Nichtwissen.

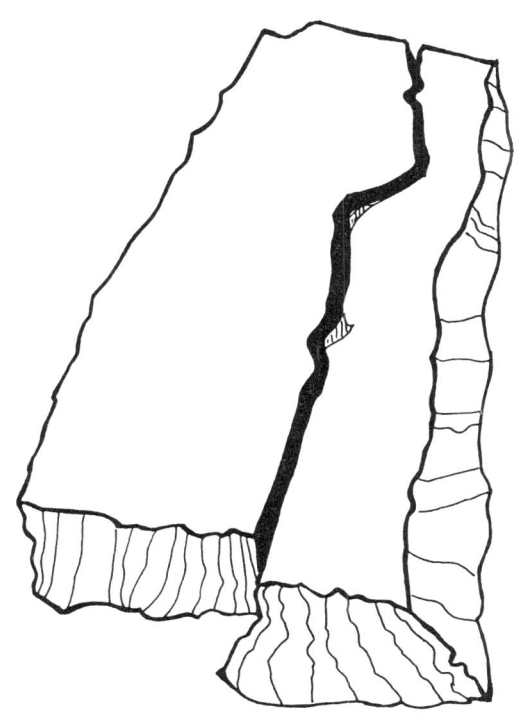

STURM

Was für Stürme brausten da draußen
in den letzten Nächten und Tagen!
Wie gut, wenn man dann,
zumindest immer wieder,
drinnen weilen konnte,
im Inneren des Hauses,
um von diesem stillen Innen aus
einfach zu lauschen
der Kraft, die da lärmt und tobt.

Was für Stürme brechen manchmal
unvermutet ungestüm
in die Seelenlandschaft ein!

Wie gut, wenn man dann,
zumindest immer wieder,
sich nach innen
zurückziehen kann,
um im Innersten der Seele
still zu weilen
und zu lauschen
der Kraft,
die auch solche Stürme leitet.

Wie gut,
mitten im Sturm
im Innersten der Seele
still zu weilen,
Atemzug für Atemzug.

NEID

Manche Menschen meinen immer,
andere seien besser als sie.
Auch in der Stille sitzen
können andere Menschen
sicher besser als sie.

Andere haben längst
keine Knie- oder Rückenschmerzen mehr.

Irgendwelche Gedanken,
gar dumme Gedanken
im Sitzen in der Stille
sind anderen nie gekommen.

Andere sind ganz sicherlich
einfach weiter gekommen als sie.

Warum bist du nicht einfach du,
der du, die du jetzt da sitzest?
Warum bist du nicht
unvergleichlich du?

ZUSTIMMEN

Manchmal, obwohl man sein Bestes gibt,
manchmal kommt doch ein Schmerz
und bleibt und verstärkt sich gar.

Manchmal, obwohl man sein Bestes gibt,
manchmal kommt es dann,
dass man auf einmal genug hat
von dem Schmerz, der da kommt und bleibt,
obwohl man sein Bestes gibt.

Man kann sich wehren
und innerlich streiten.

Oder man anerkennt,
dass Schmerzen da sind,
und stimmt zu,
dass sie jetzt zu einem gehören.

Im Anerkennen
friedet sich der Schmerz.
Im Zustimmen
fühlt der Schmerz
Frieden mit
Millionen Schmerzen.

Als ob aller und aller Schmerz
zu mir gehöre.
Und Frieden suche
in diesem meinem Schmerz.

MÜDIGKEIT

Müdigkeit ist kein Hindernis,
in der Stille zu sitzen.
Aber zu meinen,
Müdigkeit sei ein Hindernis,
das ist ein Hindernis.

Wenn man aufhört mit dem Meinen,
kann man, wie müde man auch sei,
mit Müdigkeit
sehr wohl in der Stille sitzen.

Man ist dann endlich zu müde,
um sich zu stressen
und etwas erreichen zu wollen.

Zu müde,
um an seinem Atem
herumzuzerren
und ständig über sich
zu meckern.

Vielleicht gar zu müde,
um zu denken.
Dann bleibt einem nur,
sich für dieses Augenblicklein
sachte hinzugeben
an die Stille jetzt.

WIE DAS GRAS

Manche Menschen neigen dazu,
aufzugeben,
wenn Stille
nicht gleich eintreten will.

Mit mir ist es doch nichts.
Es hat ja keinen Sinn.

Um sich aus solcher Unterspannung
wieder herauszuholen,
kann man an ein Gras denken,
das, niedergedrückt,
sich einfach wieder aufrichtet,
dem Licht entgegen.

Schweigend
richtet es sich
wieder auf,
weil es so gemeint ist.

Wenn man dem Gras folgt,
findet man sich
bald wieder
wach
und in Stille.

MEHRSUCHT

Manche Menschen
suchen immer nach mehr.
Selbst wenn sie Stille
erfahren haben,
suchen sie nach: mehr.

Selbst wenn ihnen
Jetzt widerfahren ist,
suchen sie nach: mehr.

Mehr ist Ersatz für: ganz.
Mehrsucht verwischt,
was war.

Mehrsucht zerstört,
was jetzt wirklich ist.

Mehrsucht verhindert,
was kommen will.

Ganz ist genug.

BÖSE

Kaum wird es still,
werde ich böse.
Das hätte ich nicht gedacht.
Dass ich so böse bin.
Dass ich noch immer böse bin.

Böse auf den und jenen,
der mich kürzlich
oder vor langer Zeit
verletzt
oder verraten hat.

Da sitze ich still
und möchte am liebsten
mich rächen.

Wirklich?
Ich bleibe.
Und höre, wie die Stille sagt:
Es war so.

Ich bleibe.
Und höre, wie die Stille sagt:
Du bist so.

Ich bleibe
mit der Stille.

ALTER SCHMERZ

Kaum wird es still,
ist er wieder da,
der ururalte
Seelenschmerz.

Ich will ihn endlich
nicht mehr fühlen.
Will ihn nicht.
Will nicht.
Nicht.
Nichts.
Will nichts.
Lasse.
Fühle.
Schmerz.
Ja.
Stille
um allen
Schmerz.

ÄRGER

Gerade im Stillwerden
kommt er mir in den Sinn:
Dieser Mensch,
der mich so geärgert hat.

Da ist es einfach, sein Bild,
als ob er mit mir hier sitzen wolle.
Nun gut.

Ich sehe ihn wohl,
während mein Atem
kommt und geht.

Mein Atem kommt,
er gegenüber,
mein Atem geht,
er da.
Wieder und wieder.

Ich weiß nicht,
ob ich ihn dann
vergessen habe –
oder er mich,
als da eben
nur noch Stille war.

Aber wenn ich jetzt
an ihn denke,
weiß mein Atem:
Wirklichkeit ist
ganz anders,
als ich dachte.

SAMMLUNG VERLOREN

Manche Menschen neigen dazu,
sich über sich zu ärgern,
wenn sie sich ertappen,
dass sie die Sammlung
verloren haben.

Damit entfernen sie sich
von der Stille
mehr als durch allen Lärm der Welt.

Man kann aber leicht
den Ärger wieder verlassen,
indem man nur wieder
horcht
auf die Stille
und staunend fühlt:
Stille ärgert sich nicht.

WO BLEIBE ICH?

Manche Menschen fürchten,
die Stille löse alles auf.

Spannungen und Sorgen,
oh ja, das wäre gut.

Gedanken und Gefühle,
oh ja, warum nicht.

Konzept und Unterscheidung,
ja, ja natürlich, ja.

Aber –
wo bleibe dann
ich?

Furcht
bin ich.

Furcht,
bis Stille
sie auflöst
in ein einziges
ICH.

FURCHT

Da sitze ich und fürchte –
um sie, um ihn,
um jemanden mir nah.

Sehe vor mir, was ich fürchte.
Sehe es,
sehe es,
sehe es still,
sehe es still.

Sehe das Befürchtete,
als sei es längst geschehen.

Schon geschehen.
Müßig zu fürchten.

Da sitze ich
müßig und leicht.
Auf einmal weiß ich:
Was geschieht,
geschieht.

SICH SEHEN

Immer,
wenn Gedanken
oder Gefühle
uns ablenken
von der Stille,
kann man einfach,
anstatt dem gedachten
oder gefühlten
Inhalt nachzugehen,
sich darin sehen.

Sich denken sehen,
sich fühlen sehen.
Nur sich sehen.

Sehen ist frei
von dem,
was man sieht.

Sehen stimmt zu.
Sehen sieht:
Es ist so.

Stille ist
„Es ist so".

STÖRUNG

Da sitze ich und atme
still meinen Atem.

Doch bald kommt die Störung.
Ein lächerliches
Jucken in der Nase.
So etwas soll mich stören?
Ja, ja, es stört.

Ein Schmerz im Bein.
Oh, er stört.
Ein Gedanke, den ich gar nicht denken wollte.
Ein Gefühl, das ich jetzt nicht fühlen will.

Störung kommt ungerufen.
Störung will man nie.
Aber Übung ruft Störung
und übt sich an Störung.

Darum wehre man sich nicht gegen Störung.
Man lasse sie kommen als willkommen.

Dann kann es sein,
dass Störung,
indem sie stört,
auf etwas weist,
was nicht zu stören ist.

Unzerstörbar
atmet ES gerade
diesen Atemzug da.

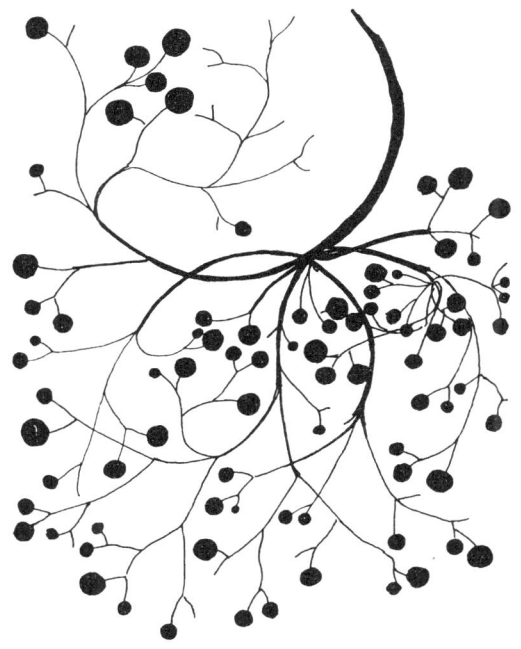

FRÜHLING

Plötzlich sehe ich:
Jetzt ist jetzt
und jetzt
und jetzt.
Plötzlich sehe ich:
Frühling durch und durch.

NATUR

Wenn man,
nach trüben Tagen,
endlich wieder einmal
das Sonnenlicht so recht genießt,
dann kann man staunen
über die herrliche Natur –
die Berge, Bäume, Blumen,
die Kühe, Käfer, Schmetterlinge!

Einfach diese Natur.
Dieses von selbst da sein,
dieses Blühen,
dieses sich Zeigen.

Weiß man denn,
dass man diese Natur , diese Schöpfg
selber ist?

Wie der Berg, wie die Blume, wie die Kuh –
Natur von selbst, Schöpfg
die gerade hier sitzt
und sich ununterbrochen offenbart
in diesem Atemzug.

PFINGSTEN

Sitzen in der Stille meint,
Bilder und Konzepte,
auch Gottesbilder
und Gotteskonzepte
ausziehen lassen
aus unserem Geist.

Sitzen in der Stille meint,
Stille in uns
sein und wirken zu lassen,
bis Stille
durch uns hindurch
hinauszieht
in alle Begegnung hinein.

So kann man
ohne etwas hinzuzufügen,
im Sitzen in der Stille
Pfingstzeit feiern.

SONNWENDE

Heute ist Sonnwendtag.
Während die hochsommerliche Zeit,
die uns nach draußen zieht,
mit diesem Tag
gerade erst beginnt,
wendet die Sonne selbst
ihre Bahn wie insgeheim
und kehrt sich wieder mehr
der Stille des Erdinnern zu.

Diese feine Gegenspannung
macht wohl den Reiz
des Sommers aus.

Jeden Morgen folgen wir,
wenn wir uns zur Stille setzen,
in gewissem Sinn
der Sommersonnenwende.

Während der helle Tag,
der uns nach draußen zieht,
gerade erst beginnt,
wendet das Bewusstsein
die Richtung wie insgeheim
und kehrt sich der Stille
des Nachtinnern zu.

Das Bewahren
dieser feinen Gegenspannung
macht dann
den Reiz des Tages aus.

ALLERSEELEN

Heute ist es mir,
als säßen
an den Mauern
meines Stilleraums
all die lieben
Toten mein.

ADVENT

Schon ist Advent.
Als ob man überrascht sei.
Als ob es
zu schnell gegangen sei.

Schon ist Advent,
die Zeit auf etwas hin.
Die Zeit, um anzukommen,
damit nicht plötzlich
Weihnacht sei.

Weihnacht,
die nicht Weihnacht wird,
wenn man selbst
nicht angekommen ist.

Schon ist Ankommenszeit,
in diesem Sitzen in der Stille,
in diesem meinem Atmen,
das immerzu geboren wird
von dem Einen Atem,
der sich Augenblick um Augenblick,
Advent für Advent,
hineinweihnachtet
in diesen Atemzug jetzt.

SYLVESTER

Am letzten Abend des Jahres
kann man sich Gedanken machen
über Gewesenes,
Geglücktes und Verpasstes.

Wenn man lange und tief genug
über alles denken könnte,
dann käme man wohl
zu dankendem Anerkennen,
dass alles war,
wie es war.

Wenn man jetzt in der Stille sitzt,
dann ist es nicht,
um sich Gedanken zu machen,
sondern um sich einzulassen
in die Stille
dieses Augenblicks,
so ganz und gar
sich einzulassen,
bis man dankend
anerkennen mag,
dass dieser Augenblick
ist,
wie er ist.

LETZTER TAG

Letzter Tag
hier
an diesem Ort.

Ach was!
Auf der Straße gehn
wie immer,
Türen öffnen und schließen,
wie immer,
sich setzen und wieder aufstehn
wie immer.

Wie immer:
nur dieser eine Schritt,
nur diese Türe da,
dieses mich Setzen,
dieses Aufstehen,
dieses eine Mal.

TODESTAG

Da sitze ich,
meilenweit
von deinem Grab
entfernt.

Da sitze ich
heut,
an deinem Todestag.

Und mein Atem
feiert still
dich und dich und dich.

DAS GANZE FEST

Das ganze Fest vorbei.
Alle Stimmen
sind verklungen.

Nur die Stille
ist geblieben.
Stille selbst
ist alle Stimmen.

Dieser Atemzug
das ganze Fest.

AUFBRUCH UND ALLTAG

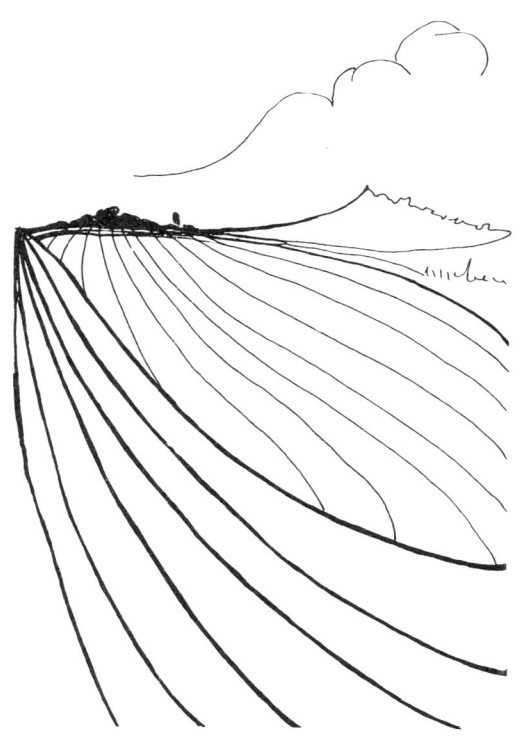

ALLTAG

Um im Alltag
im Sinne
eines inneren Weges
zu üben,
braucht es nichts
außer der stillen Achtsamkeit,
die sich richtet auf das,
was gerade
vor sich geht.

Das Gehen.
Das Hände-Schütteln.
Das Wasser-Trinken.

FEIERN

Für gewöhnlich feiert man
am Feierabend oder an einem Fest,
aber nicht bei der Arbeit.

Warum eigentlich nicht den Alltag feiern?

Jeden Augenblick einmal feiern,
als sei er ein Fest!

Bei einem Fest genügt es,
dass Freunde dabei sind.
Sie müssen nichts mitbringen.

Auch dem Augenblick genügt,
dass wir dabei sind.

Wir müssen nichts mitbringen.
Nur dabei sein.
Dabei sein ist Feiern.

DER TREPPENABSATZ

Wofür ist Üben?
Dass die innerste Natur von allem
sich einem offenbare.

Wer zeigt sie uns?
Das Gemüse,
der Treppenabsatz,
das Fenster.

Unsere Augen
sehen es nicht.

Aber jeder trägt mit sich,
was Es sehen kann.

DIESER LAPPEN

Mein Jetzt ist jetzt.
Diese Bewegung da,
dieses Greifen
und Loslassen.

Dieser Lappen,
dieser Besen,
dieser Stift,
diese Taste.

Diese Taste,
das ist mein Jetzt.

AUF DIE STILLE ACHTEN

Wenn man während der gewohnten Arbeit
auf die Stille achtet,
dann achtet man
mehr und mehr
die Dinge
und die Menschen,
wie sie sind.

Wenn man mehr und mehr
die Menschen
und die Dinge
achtet, wie sie sind,
dann ärgert man sich
ganz allmählich
nicht mehr gar so viel.

Auf die Stille achten
kann man
den Ohren überlassen.
Die Ohren
lauschen lassen
auf die Stille, ~~auf dich~~ und in der Stille auf dich
während man
wie gewohnt
die gewohnte Arbeit tut.

VOLLKOMMEN FREI

Manchmal,
wenn man aufsteht
nach dem Sitzen in der Stille,
ist Aufstehen
wie Sitzen in der Stille.

Auch Gehen ist genau wie Sitzen,
alles ist, als ob man immer noch
in der Stille sitze.

Und dennoch
ist man ganz und gar,
mehr denn je,
vollkommen frei
bei jedem Tun,
bei diesem Schritt.

SPIEGEL

Manchmal,
wenn man aufsteht
nach dem Sitzen in der Stille,
ist es,
als träfe man
auf lauter Spiegel.

Was auch immer
mir begegnet,
ich sehe meine Augen,
mein Gesicht.

Du und du
ist ich.
Es und es
lauter Ich.

Liebesspiegel
allüberall.

FÜSSE UND HÄNDE

Wenn man
etwas Fühlsamkeit
in die Füße und Hände schickt,
dann kehrt Stille
ganz von selber ein.

Über die Stille in Füßen und Händen
ist man auf einmal dabei.

Sich selbst vergessend
in Dabei,
bis man erwacht
in der Tat.

PLÖTZLICH

Plötzlich
hält es mich
inne
mitten am Tag.

Stille erinnert sich.

Und der nächste Laut
Ist ES.

SPUR

Aus Stille kommend
gehe ich draußen
nur ein paar Schritte,
so ganz für mich.

Auf einmal aber
sieht mein Fuß,
wie jeder Schritt
eine Spur hinterlässt
und Wirkung schafft.

So tue ich nie irgendetwas
nur für mich.

Draußen
gehe ich,
so ganz für mich.

HINWEIS ZUR PRAXIS

Wie in der Einleitung angedeutet, ist eine aufrechte, wohl gespannte Haltung dem Sitzen in der Stille förderlich. Die aufrechte Wirbelsäule lässt den Atem frei fließen und hilft, den Geist zu sammeln.

Für alle Sitzmöglichkeiten gilt darum, dass die Knie tiefer liegen sollen als das Becken, denn wenn die Knie über den oberen Beckenrand ragen, wird der Rücken automatisch krumm, oder er verspannt sich, um die Aufrechte aufrecht zu halten.

Die Schultern sind in jedem Fall gelöst, und der Kopf strebt so nach oben, als würde der Scheitel von einem feinen Faden leicht nach oben gezogen, so dass das Kinn von selbst etwas herangezogen wird.

Wenn man auf einem Stuhl sitzt, so sollte dieser möglichst hart sein. Die Sitzfläche sollte nicht nach vorn oder hinten abfallen. Damit die Knie tiefer liegen als das Becken, wird man eventuell eine Decke oder ein Sitzkissen auf den Stuhl legen müssen. Die Füße stehen am besten in natürlichem Abstand, parallel zueinander, mit der ganzen Sohle auf dem Boden.

Wenn man auf einem Kissen oder auf einer zusammengerollten Decke am Boden sitzt, so wird man die Beine so kreuzen, dass entweder ein Fuß vor dem anderen liegt oder dass ein Fuß auf den Unterschenkel oder Oberschenkel des anderen Beines zu liegen kommt. Wenn es leicht möglich ist, kann man die Beine so weit kreuzen, dass jeder Fuß auf dem Oberschenkel des anderen Beines ruht und die Fußsohlen nach oben zeigen (Lotussitz). Eine andere Möglichkeit ist, sich auf die Fersen zu setzen. Dabei kann man zur Entlastung ein Kissen oder eine Decke zwischen Fersen und Gesäß legen. Oder aber man setzt sich auf ein niedriges Bänkchen und legt die Füße so zwischen den Bankwänden hindurch nach hinten, dass die Zehen zueinander zeigen, die Füße also nicht nach außen gedreht werden, was den Hüftgelenken nicht gut tun würde.

Für die Sammlung ist hilfreich, die Hände ineinander zu legen zu einer Schale (linke Hand in die rechte) und die Daumenspitzen sich berühren zu lassen, so dass zwischen Daumen und Zeigefingern ein Oval entsteht. Die

Hände ruhen im Kontakt zum Leib, die Handkanten ein bis zwei Handbreit unter dem Nabel anliegend. Die Arme bilden in etwa einen Kreis, die Ellbogen sollten also nicht am Leib anliegen.

Die Augen lässt man am besten leicht geöffnet, so dass man weder eine bestimmte Stelle fixiert noch sich dem Raumlicht verschließt.

ATEMSTROMBILD

Sich ankommen lassen im Kontakt zum Boden
und in der Beziehung zum Raum über dem Kopf.
Eine gute Spannung finden zwischen einem leichten Druck zum Boden
und einem feinen Streben nach oben.

Die Aufmerksamkeit sich sammeln lassen
im Raum über dem Kopf.
Die Aufmerksamkeit wie eine fließende Bewegung
durch den ganzen Leib hindurchführen.
Also durch den Raum des Kopfes,
durch den Raum des Halses,
durch den Brustschulterraum,
durch den Raum der Taille,
durch den Bauchbeckenraum
und auch durch die Beine
bis in die Erde hinein.

Die Aufmerksamkeit wieder aufsteigen lassen
im weiten Bogen außen herum,
rechts und links vom Leib,
vielleicht auch vor und hinter dem Leib,
hinaufsteigen lassen bis wieder zum Raum über dem Kopf,
von wo sie nun wieder hinunterfließt
durch den ganzen Leib bis in den Boden.

Wenn man sich diese Bewegung einige Male vorgestellt
und sie innerlich vollzogen hat,
wird sich der Atemfluss von selbst mit ihr verbinden wollen.
Am besten ist, wenn die innen hinunterfließende Bewegung
sich dem Ausatem anschließt
und die außen aufsteigende Bewegung
den Einatem begleitet.

So dass Ausatem wie aus dem Raum über dem Kopf
durch den ganzen Leib hindurchfließt
bis in die Erde hinein,
um sich dort zum Einatem zu wandeln
und als solcher außen herum wieder aufzusteigen.

Mit der Zeit kann es sein,
dass im Ausatmen die innen hindurchlaufende
Strömungsbewegung eine Gegenenergie weckt,
die gleichzeitig hinaufstreben will.
Diese fließende Gegenspannung wird,
wenn sie sich von selbst einstellt,
die aufrechte Haltung
auf natürliche Weise unterstützen.

Überhaupt könnte sich das Atembild erweitern
oder differenzieren oder verändern.
Zum Einstieg in die Stille
ist eine möglichst einfache Form aber am günstigsten.
Denn es geht dabei nur darum,
über die geführte Aufmerksamkeit
in ein inneres Teilnehmen
am Atemgeschehen zu gelangen.

Die Formulierung der Anleitung ist inspiriert von der Zusammenarbeit mit Karl Metzler,
Pantomime und Leibarbeitslehrer, St. Ulrich bei Freiburg.

Benjamin Haas, Leonie Friedrich

111 Orte
in Buenos Aires,
die man gesehen
haben muss

111

emons:

Para Nora y Alfredo

Para nuestros queridos amigos y amigas de Argentina

Mit besonderem Dank an alle, die uns unterstützt haben und
ohne die dieses Buch nur halb so spannend geworden wäre!

Bibliografische Information der Deutschen Nationalbibliothek
Die Deutsche Nationalbibliothek verzeichnet diese Publikation
in der Deutschen Nationalbibliografie; detaillierte bibliografische
Daten sind im Internet über http://dnb.d-nb.de abrufbar.

© Emons Verlag GmbH
Alle Rechte vorbehalten
© der Fotografien: Benjamin Haas und Leonie Friedrich
© Covermotiv: missbobbit / Depositphotos.com
Layout: Eva Kraskes, nach einem Konzept
von Lübbeke | Naumann | Thoben
Kartografie: altancicek.design, www.altancicek.de
Kartenbasisinformationen aus Openstreetmap,
© OpenStreetMap-Mitwirkende, ODbL
Druck und Bindung: B.O.S.S Medien GmbH, Goch
Printed in Germany 2016
ISBN 978-3-95451-835-7
Originalausgabe

Unser Newsletter informiert Sie
regelmäßig über Neues von emons:
Kostenlos bestellen unter
www.emons-verlag.de

Vorwort

Viele Dokumentationen und Berichte zu Buenos Aires zeichnen ein einseitiges Bild: Tango, Fußball, Rindfleisch und Pariser Architektur. Diese Klischees gehören zu der Stadt, werden der vielfältigen Metropole allein jedoch nicht gerecht.

Die Bewohner von Buenos Aires verteufeln ihre Stadt gerne, wenn sie vor Ort sind, und verteidigen sie vehement, wenn sie verreisen. Kein Wunder, ist sie doch zuweilen laut, dreckig, materialistisch und zwingt einen zu zweistündigen Fahrten in Bussen und U-Bahnen. Auf der anderen Seite ist sie unendlich vielfältig, modern, kreativ und pulsiert wie kaum eine andere. Dabei erfindet sie sich und ihre Traditionen ständig neu.

In diesem Buch stellen wir Ihnen 111 der unzähligen Facetten vor, die Buenos Aires ausmachen, die erst auf den dritten oder vierten Blick entdeckt werden können und auch Argentinier überraschen werden. Über ein Jahr haben wir dafür recherchiert und sind drei Monate lang mit Kameras durch die Stadt gestreift. Dabei hat uns Buenos Aires, obwohl wir meinten es zu kennen, immer wieder aufs Neue überrascht. Diese Überraschungen möchten wir gerne mit Ihnen teilen.

¡Que disfruten!
Leonie Friedrich und Benjamin Haas

111 Orte

1 Der »28 Sport«-Schuhladen

Ewig währende Bowling-Treter

Alles begann im Jahr 1928 mit dem Prototyp 28-A. Das behaupten zumindest die drei, die diesen Schuhladen in Palermo betreiben. Sie sehen sich in der Tradition des argentinischen Amateursportlers Calogero Adinolfi. Dieser machte in den 1920er Jahren aus seiner Obsession für gutes Sportschuhwerk ein Geschäftsmodell und wurde mit seinem Familienunternehmen »28 Sport« erfolgreich. Das Versprechen seiner selbst ernannten Nachfolger: Unsere Schuhe halten ewig, denn sie werden hergestellt wie zu Zeiten Adinolfis, als Qualität und nicht Marketing das Erfolgsrezept war.

Das Ironische: Carlos, Edgardo und Andrea sind keine Schuhmacher, sondern Marketingexperten. Sie hängten ihre Jobs bei internationalen Unternehmen an den Nagel und kauften die Rechte an der Marke »28 Sport«, die bereits vier Jahrzehnte vom Markt verschwunden war. Es wurde zu ihrer Mission, die Qualität der Sportschuhe der 1930er, 40er und 50er Jahre zu »retten«. Dazu stöberten sie alte Schuhe auf Flohmärkten in Europa auf. Zu Hause sezierten sie ihre Funde, um zu verstehen, wie die Belastbarkeitswunder hergestellt wurden. Daraufhin überredeten sie traditionelle Schuhmacher in Buenos Aires, ihr altes Handwerk für sie wieder auszugraben.

Das Ergebnis sind unvergleichlich robuste Schuhe im originellen Fußball-, Box-, Hockey- oder Bowling-Look. Von jedem Modell gibt es nur zwölf Paare in verschiedenen Größen, und keines wird erneut aufgelegt. Mit diesem Konzept wurde »28 Sport« zum Geheimtipp der Retro-Szene. Aber retro wollen sie eigentlich gar nicht sein. »Was wir machen, ist historisch«, sagen sie. Ziemlich ausgefeilte Marketingsprache. Aber auch dagegen haben sie etwas einzuwenden. Marketing bezeichnen sie als ein Übel, das die Welt heimsuche wie das Ozonloch. Egal, denn ihre Schuhe sind in der Tat einmalig. Nur Sport macht wohl kaum mehr jemand mit ihnen, dafür sind die Treter eindeutig zu schwer.

Adresse Gurruchaga 1481, Palermo, CABA | **ÖPNV** Subte B, Haltestelle Malabia, Subte D, Haltestelle Plaza Italia, jeweils circa 15 Minuten Fußweg oder Bus 93, 142 | **Öffnungszeiten** Mo–Sa 11–19 Uhr | **Tipp** Nur wenige Gehminuten entfernt befindet sich die belebte Plaza Serrano. Hier gibt es wochenends einen Kunsthandwerkermarkt und jede Menge hübsche Cafés und Restaurants. Besonders gut: »Pain et Vin« (Gorriti 5132, Di–Sa 12–22 Uhr, So 12–19 Uhr).

2 Die Academia del Lunfardo

Die Hüterin des Slangs vom Río de la Plata

In Argentinien wird Spanisch gesprochen! Nicht nur. Bewiesen wird das seit 1962 von der »Academia del Lunfardo«. Sie ist in etwa das, was in Deutschland der Dudenverlag und in Spanien die »Real Academia Española« sind. Mit einem wichtigen Unterschied: Sie befasst sich nicht mit dem »Hochspanischen«, sondern mit dem besonderen Slang, der am Río de la Plata seit Ende des 19. Jahrhunderts als Resultat eines einzigartigen sozialen Moments entstand. Man nehme: europäische Immigranten, Gauchos, Indigene und *porteños* gemischt mit einem Ambiente aus Armut, Kriminalität und Überlebenskampf in den unteren sozialen Schichten. Heraus kommt der Lunfardo. Ein Jargon, der von der Oberschicht erst als »Gauner-Sprache« abgetan wurde, dann die Lyrik des Tangos beflügelte und von da aus alle Gesellschaftsschichten und Provinzen des Landes eroberte.

Ein Beispiel gefällig? Silbenverdrehungen sind ein berühmtes Phänomen des Lunfardo: *Gotán* steht für *tango*, und aus *café* wird *feca*. Aber auch alte umgangssprachliche Ausdrücke aus dem Italienischen und Portugiesischen prägen den reichen, rund 6.000 Vokabeln umfassenden Wortschatz. Die Academia del Lunfardo dokumentiert ihn nicht nur und geht seinen Ursprüngen auf den Grund, sie will die Populärkultur rund um den Lunfardo aktiv fördern. Dazu hat sie in einer Bibliothek 4.000 Werke über den Soziolekt, die Stadt und ihre Milieus gesammelt sowie 4.500 Tango-Partituren. Sie veröffentlicht Bücher und Artikel und initiierte im Jahr 2000 den »Tag des Lunfardo«. Seither feiert man jährlich am 5. September den argentinischen Slang, auf den man längst nicht mehr nur in Buenos Aires stolz ist.

Seit 1987 residiert die Akademie in San Telmo, wo zwischen April und Dezember immer freitags um 19 Uhr kostenlose Konzerte und Lesungen stattfinden. Ein Besuch lohnt sich, auch wenn man nicht des Spanischen mächtig ist.

Adresse Estados Unidos 1379, San Telmo, CABA | **ÖPNV** Subte C und E, Haltestelle Independencia; Bus 39, 53, 60, 96, 102, 126, 129A, 168 | **Öffnungszeiten** Mo–Fr 14–19 Uhr, Veranstaltungen unter www.lunfardo.org.ar | **Tipp** Die Subte-Station Independencia ist wirklich sehenswert, sie ist ausgeschmückt mit Kacheln im orientalischen Stil. Informationen zu arabischen Einflüssen in Buenos Aires findet man unten auf den Bahnsteigen.

3 Die Agrarfakultät
Andines Flair zwischen Wolkenkratzern

Anmutig stolzieren Lamas und Alpakas über das Hochland von Bolivien und Peru, ihren typischen Heimatländern. Auch in den argentinischen Anden kann man die bereits seit 5.000 Jahren domestizierten Kamelarten finden. Aber in Buenos Aires, 25 Meter über dem Meeresspiegel? Wer zum ersten Mal am gemeinsamen Campus der Agrar- und Veterinärfakultäten vorbeifährt, staunt nicht schlecht, wenn zwei Lamas neugierig ihre Hälse über den Zaun an der Straße strecken. Auf ihrem Gelände beherbergen die Fakultäten der »Universidad de Buenos Aires« weitere ihrer Artgenossen sowie allerlei anderes landwirtschaftliches Getier: Esel, Pferde, Kühe, Gänse und Hühner. Hier wird geforscht zur Haltung, Produktion und Gesundheit der Tiere. Sogar eine kleine Veterinär-Uniklinik gibt es. Dort war es 2012 anhand genetischer Untersuchungen gelungen, eine ausgestorbene argentinische Alpakarasse wieder zum Leben zu erwecken.

Nicht nur wegen des kleinen kostenlosen Zoobesuchs lohnt sich ein Spaziergang über den Campus. Der große Park ist besonders am Wochenende ein beliebtes Ausflugsziel. Zwischen Vorlesungssälen und Verwaltungsgebäuden kann man auf der Wiese Mate trinken und die Sonne genießen. Jeden zweiten Samstag und Sonntag bieten Landwirte auf einem großen Markt biologische Produkte an und beraten zu gesunder Ernährung und organischem Gartenbau.

Der Haupteingang befindet sich auf der Avenida San Martín. Nach Norden erstreckt sich der Park bis auf die andere Seite der Gleise. An dessen Ende kreuzt die Avenida de los Incas, wovon es nur wenige *cuadras* bis zum Viertel Parque Chas (Ort 73) sind. Der Zugang zu den Tieren befindet sich wenige Meter rechts vom Haupttor. Und keine Sorge, Lamas spucken, als Zeichen der Dominanz, normalerweise nur auf ihre Artgenossen. Sollten sie es auf Menschen abgesehen haben, dann haben sie schlechte Erfahrungen mit ihnen gemacht.

Adresse Av. San Martín 4453, Agronomía, CABA | **ÖPNV** Haupteingang: Zug Linie »San Martín« aus Retiro, Haltestelle Villa del Parque; Bus 47, 57, 78, 105, 146. Seiteneingang: Zug Linie »Urquiza« aus Lacroze, Haltestelle Pedro N. Arata | **Öffnungszeiten** Mo – Fr 9 – 18 Uhr, Termine des Biomarktes »Feria del Productor al Consumidor en la FAUBA« auf Facebook | **Tipp** Das Wohnviertel Agronomía rund um die Fakultäten ist ein besonders schönes, von dem auch Julio Cortázar angetan war (Ort 10).

4 Der Antiquitäten-Bahnhof

Antikes und Kurioses am Tren de la Costa

Buenos Aires und seinen Bewohnern wird ein gewisser Hang zur Nostalgie nachgesagt. Auch wenn das eher der Traumwelt der Tourismusindustrie entspricht als dem tatsächlichen Gemütszustand der meisten Menschen, so ist man doch erstaunt über die unzähligen Märkte, Galerien und Läden in der Stadt, die Antikes zum Kauf anbieten. Angefangen von dem touristischen und entsprechend teuren Antiquitätenmarkt in San Telmo bis hin zu kleinen Lokalen, tief versteckt in den Einkaufsgalerien des Microcentro: Das Interesse an Ausrangiertem aus vergangenen Zeiten ist enorm.

Die schönste und ausgefallenste *Feria de Antigüedades* breitet sich jedes Wochenende auf dem Bahnsteig der Station Barrancas in San Isidro im Norden der Provinz aus. Schon der Ort selbst, mit seinem antik anmutenden Wartesaal, den großen verzierten Bahnhofsuhren und der Metallbrücke, die über die Gleise führt, wirkt wie aus der Zeit gefallen. Siebzig Stände schaffen hier seit 1997 ein Universum des Gestern für Liebhaber, Sammler und andere Kaufwütige nützlicher und unnützer Dinge.

Auf der »Feria del Anticuario« türmen sich Porzellan, Uhren, Glaswaren, Spielzeuge, Bücher, Lampen und Möbel bis unter die Baumkronen. Einige der Stände sind spezialisiert auf argentinisches Landleben. Hier findet man Pflüge, Steigbügel und die typischen *boleadoras*, eine Art Lasso mit Kugeln, das sich die *gauchos* von den Indigenen in Patagonien abgeschaut haben. Andere Verkäufer handeln mit Militaria. Ihre Objekte stammen aus der Zeit der beiden Weltkriege, aber auch der Kriege in Vietnam und den Falklandinseln. Egal, ob man etwas Bestimmtes sucht oder sich einfach nur umschaut, irgendeine Rarität nimmt man bestimmt mit nach Hause.

Allein die Anreise ist ein Ausflug wert. Der »Tren de la Costa«, zu dem die Station gehört, pendelt zwischen Vicente López und dem Tigre-Delta direkt am Ufer des Río de la Plata.

Adresse Station Barrancas (Tren de la Costa), Sebastián Elcano, Ecke Perú, Acassuso, San Isidro, Provincia | **ÖPNV** Zug Linie »Mitre« aus Retiro, Haltestelle Olivos, dann Umstieg in den Tren de la Costa, Haltestelle Barrancas, oder Bus 168 Richtung San Isidro | **Öffnungs-zeiten** Sa, So und feiertags 10–19 Uhr | **Tipp** In diesem Buch werden drei weitere kuriose und versteckte Orte (Kapitel 53, 80, 98) in San Isidro vorgestellt, die nur wenige Gehminuten von dieser Feria entfernt sind – das perfekte Programm für einen Wochenendausflug.

5 Atlas und der alte Baum

235 Jahre alte Flora

Wer über die Plätze im Zentrum von Buenos Aires schlendert, kommt unweigerlich irgendwann an einem der beeindruckend großen Bäume vorbei. Sie haben meterhohe Wurzeln, die aus dem Boden ragen, und Äste so dick wie Baumstämme. Zu ihren Füßen wirken Menschen wie winzige Lego-Figuren.

Dieser Gummibaum ist ein besonders betagtes Exemplar, es ist der älteste dokumentierte Baum der Stadt. Ein Mönch soll ihn aus Indien mitgebracht haben. Als Recoleta noch aus Wiesen und Feldern bestand und außerhalb der Stadt lag, wurde er hier im Jahr 1781 auf dem Vorplatz des berühmten Friedhofs gepflanzt. Der Stamm hat einen Durchmesser von zehn Metern, und einige der Äste müssen mit ihren rund dreißig Metern Länge von Stahlpfeilern gestützt werden. Sie reichen fast bis auf den Boden herunter und lassen den Baum wie eine große Kuppel erscheinen. Man ist geneigt, staunend an dem grünen Koloss vorbeizugehen. Dabei verbirgt sich unter seinem Blätterdach eine weitere Sehenswürdigkeit: Einer der Äste wird seit Oktober 2014 von einem der stärksten Männer der Welt getragen, dem griechischen Titan Atlas. Die Skulptur des jungen uruguayischen Künstlers Joaquín Arbiza Brianza besteht überwiegend aus Schrottteilen von alten Autos und wiegt rund 250 Kilo. Normalerweise trägt Atlas die ganze Welt auf seinen Schultern, in Recoleta stützt er immerhin einen über 235 Jahre alten Baum.

Seit 2006 prangt der alte Gummibaum auch auf dem offiziellen Wappen des Viertels Recoleta. Er ist der einzig lebende Augenzeuge der Eröffnung des »La Biela« im Jahr 1850, und bis heute spendet er treu den Schatten für die Terrasse des traditionellen Cafés. Hier trafen sich Berühmtheiten wie die Schriftsteller Jorge Luis Borges und Adolfo Bioy Casares regelmäßig zum Kaffee. An einem der Tische erinnern zwei Skulpturen an diese beiden ehrenwerten Stammgäste, ein beliebtes Fotomotiv für Touristen und Einheimische gleichermaßen.

Adresse Av. Pres. Manuel Quintana 600, vor dem Café »La Biela«, Recoleta, CABA | **ÖPNV** Bus 10, 17, 37, 59, 60, 95, 101, 102, 108, 110, 124 | **Tipp** Ein kleines Stück bergab steht die ehemalige Eislaufhalle »Palais de Glace« aus dem Jahr 1911, in der heute ein Kunstausstellungsraum untergebracht ist (Posadas 1725, www.palaisdeglace.gob.ar).

6 Die Avellaneda-Brücken

»Einmal La Boca und zurück«

Es ist eines dieser Bauwerke, bei dessen Betrachtung man sich wünscht, man könnte in der Zeit zurückkreisen. Zu gerne würde man die Jungfernfahrt der alten Schwebefähre »Transbordador Nicolás Avellaneda« im Jahre 1914 miterleben.

Diese Hafenbrücke ist aus Stahl und Kupfer und transportierte in einer acht mal zwölf Meter großen Gondel Fußgänger, Fuhrwerke, Autos und Straßenbahnen vom Stadtgebiet in La Boca über den Riachuelo nach Avellaneda in der Provinz. Gesteuert wurde sie mit Kabeln und Flaschenzügen aus dem kleinen Kommandohäuschen, das auf der Nordseite noch zu sehen ist. Eine halbe Stunde dauerte die Überfahrt, und Schiffe konnten sie, dank ihrer Höhe, jederzeit passieren.

Schwebefähren solchen Typs baute man im 19. Jahrhundert vor allem in Hafenstädten. Diese wurde in England fabriziert und in Buenos Aires von der Eisenbahngesellschaft zusammengeschraubt. In den 1960er Jahren wurde sie ausrangiert. Zum stetigen Rückgang der Passagierzahlen der Schwebefähre hatte der Bau einer zweiten Brücke mit Betonsockel im Jahr 1940 maßgeblich beigetragen. Diese rote Zugbrücke befindet sich nur etwa hundert Meter dahinter. Bei der Durchfahrt höherer Schiffe wird der Straßenverkehr für zehn Minuten unterbrochen. Kurioserweise wurde sie ebenfalls nach Nicolás Avellaneda benannt. Vermutlich hatte man schon geahnt, dass sie zum sicheren Tod ihrer älteren Schwester führen würde, und so auch namentlich für Ersatz gesorgt.

Weltweit gibt es nur noch acht der alten Schwebefähren, wovon noch einige in Betrieb sind, wie die Rendsburger Hochbrücke über dem Nord-Ostsee-Kanal. Die von Buenos Aires ist die einzig verbliebene in Amerika. Seit Längerem arbeitet man auch hier ernsthaft an Plänen einer Wiederinstandsetzung, mit der Hoffnung, es auf die Liste der Weltkulturerbestätten zu schaffen. Vielleicht wird eine Überfahrt also Wirklichkeit, bevor das Zeitreisen erfunden wird.

Adresse zwischen Av. Almirante Brown (La Boca, CABA) und J. M. Monatana (Avellaneda, Provincia) | **ÖPNV** Bus zu den Brücken auf der Seite von La Boca: 20, 25, 29, 33, 46, 53, 64, 86, 129, 152, 159, 168, 195; Bus Nummer 33 und 159 überqueren die neue Brücke nach Avellaneda | **Öffnungszeiten** nur von außen zu besichtigen | **Tipp** Der berühmte Caminito ist nur wenige Gehminuten von hier entfernt. Dort lohnt sich vor allem ein Blick in die Bar »El Samovar de Rasputin«, in der abends Livekonzerte stattfinden.

7 Die Avenida Rivadavia

Mythos um die längste Straße der Welt

Als im Jahr 1914 ein Journalist die Avenida Rivadavia zur längsten Straße der Welt ernannte, war das wohl noch korrekt. Sie reichte von der Plaza de Mayo im historischen Kern von Buenos Aires bis in das 69 Kilometer entfernte Luján. Heute ist es lediglich noch ein Mythos, der sich hartnäckig hält. Da sie nun nach 35 Kilometern in San Antonio de Padua zur Presidente Perón wird, verliert sie ihren Rekordstatus und rangiert gemeinsam mit der Western Avenue in Chicago (38 Kilometer) und dem Sunset Boulevard in Los Angeles (35 Kilometer) hinter der Yongue Street in Toronto, die mit 56 Kilometern heute die Weltrangliste anführt.

Zusammen mit der 140 Meter breiten Avenida 9 de Julio ist die Rivadavia weiterhin die wichtigste Ader der Stadt. Alle quer zu ihr verlaufenden Straßen ändern hier ihre Namen und beginnen die Nummerierung bei null. Sie wird gesäumt von einigen der wichtigsten Gebäude der Stadt wie der Casa Rosada, der Catedral Metropolitana und dem Kongress. Sie ist ein Querschnitt durch die Milieus und Kulturen der Metropole. Die Rivadavia verbindet die Kontraste dieser Stadt: Von den Banken und luxuriösen Hotels im Microcentro über das jüdische Viertel Once, durch das Barrio Boliviano bis hinaus in die ärmeren Vororte, aus denen Tausende täglich ins Zentrum pendeln.

Ein Tipp für urbane Abenteurer: die Avenida zu Fuß erklimmen. Frühstück an der Plaza de Mayo, Mittagessen in Flores, Abendessen in Liniers, Feierabendbier in der *provincia* – und zurück mit dem Zug nach Once. Eindrücklicher kann man das Ausmaß von Buenos Aires nicht erleben. Wie weit man gekommen ist, kann man jederzeit anhand der Hausnummern überprüfen. Da in Buenos Aires jeder Häuserblock mit der vollen Hundert beginnt, unabhängig von der Anzahl der Gebäude, weiß man genau, wie viele *cuadras* hinter einem liegen. Die Nummerierung der Avenida Rivadavia endet mit der stolzen Zahl 27.500.

ÖPNV Die Subte-Linie A und der Zug »Sarmiento« (aus Once) haben zahlreiche Halte-stellen und über 100 Buslinien Teile ihrer Strecke auf der Avenida Rivadavia. | Hinweis Ab dem Viertel Floresta durchquert die Avenida Gegenden mit teilweise erhöhter Kriminalitäts-rate. Es empfiehlt sich, diese Abschnitte zu meiden, wenn man allein unterwegs ist und nach Einbruch der Dunkelheit. | Tipp Der erste Präsident der Nation, Bernardino Rivadavia, fand seine letzte Ruhe in einem Mausoleum auf der Plaza Miserere (auch Plaza Once genannt) direkt an dieser Avenida, die nach ihm benannt wurde.

8 Das Baek-ku

Kimchi und Karaoke im koreanischen Viertel

Corea Town, Pequeña Corea oder Baek-ku – das Viertel der koreanischen Community hat viele Namen. Je weiter man von der Avenida Rivadavia aus die Carabobo gen Süden spaziert, desto stärker wandelt sich das Stadtbild. Bäckereien, Supermärkte, Schönheitssalons, Ärzte, Restaurants, Kirchen und Reiseagenturen – alles findet man hier in koreanischer Ausführung. An den Schulen kann man südkoreanische Abschlüsse erlangen, und die Speisekarten sind in koreanischen Schriftzeichen gehalten, auch wenn vieles mittlerweile auf Spanisch übersetzt ist. Die zweite Generation ist in der Regel zweisprachig aufgewachsen.

Ausgelöst durch den Krieg in ihrem Land in den 50er Jahren kamen 1965 die ersten Südkoreaner nach Buenos Aires. Bis in die 90er waren es rund 45.000 Einwanderer, wovon jedoch nach der Wirtschaftskrise 2001 nur 15.000 übrig blieben. Achtzig Prozent von ihnen leben in Buenos Aires, die meisten hier in Flores.

Eine besondere Abwechslung bietet sich einem beim Besuch einer der Karaokebars. Das »007« ist auch unter Outsidern ein Geheimtipp geworden. In den kleinen Fernsehkabinen kann man unter den vielen koreanischen auch den ein oder anderen internationalen Popsong finden. »Gangnam Style« ist garantiert dabei! Und wem Fleisch und Pasta bereits zu den Ohren raushängen, kann sich in einem der Restaurants mit fernöstlichen Gerichten versorgen. Kimchi, das typische fermentierte Gemüse, darf da nicht fehlen.

Auch entlang der Avenida Avellaneda, etwa zehn *cuadras* vom Zentrum des Baek-ku entfernt, leben viele Koreaner. Dort, auf der Plaza Angel Gris, steht ein wichtiges Wahrzeichen. Zum 200. Jahrestag der argentinischen Unabhängigkeit weihte der südkoreanische Botschafter diese Replik einer Steinpagode des Bulguksa-Tempels ein. China-Town in Belgrano mit seinem typischen Drachentor kennt mittlerweile jeder, das Barrio Coreano wird zu Unrecht von den meisten nicht beachtet.

"Pagoda DABOTAP"
Donada por

Adresse Monument: Bogotá, Ecke Donato Álvarez. Das Zentrum des Viertels liegt zwischen den Avenidas Eva Perón, Castañares und Carabobo. »Karaoke 007«: Bacacay 2919, 3. Stock, alle in Flores, CABA | ÖPNV Subte A, Haltestelle Carabobo, vier *cuadras* nördlich der Av. Rivadavia bis zur Plaza Angel Gris oder 8–10 *cuadras* südlich entlang Carabobo ins Herz des *barrio*. Bus zur Plaza: 44, 76, 84, 92, 99, 113, 172, 181. | Hinweis Wer sich noch nicht so gut auskennt, sollte sich auf den Besuch des Monuments beschränken. Wer sich unauffällig verhält (z. B. keine Kamera offen trägt), kann aber getrost die Av. Carabobo entlanggehen. Die Av. Castañares sollte man nicht überqueren, dort befindet sich die Villa Miseria Bajo Flores, in der Armut und Perspektivlosigkeit oft zu Kriminalität führen.

9 Der Balkon

Evita und Madonna auf der Galerie der Casa Rosada

Höchstpersönlich soll Madonna beim damaligen Präsidenten Menem vorstellig geworden sein, um den Balkon des Präsidentenpalastes, der »Casa Rosada«, als Kulisse für ihren Film »Evita« nutzen zu dürfen. Sie sollte in der Rolle der bekanntesten First Lady Lateinamerikas von dort ihre Version von »Don't Cry for Me Argentina« zum Volk singen. Kein einfaches Unterfangen, denn viele Argentinier standen dem Filmprojekt skeptisch gegenüber. »Madonna raus! Es lebe Evita!« sollen wütende Gegner auf Häuserwände gemalt haben. Sie hatten Angst, ihre Volksheilige María Eva Duarte de Perón (1919–1952) könnte in ein falsches Licht gerückt werden.

Das Licht, in dem sie sie gerne sehen, ist eng verbunden mit diesem Balkon. Gemeinsam mit ihrem Gatten Juan Domingo Perón (1895–1974) trat der »Engel der Hemdlosen« dort regelmäßig auf und richtete Reden an ihre Gefolgschaft. Auch Perón selbst nutzte den Balkon, um sich in seinen drei Amtszeiten zu inszenieren. Man könnte fast sagen, der Balkon machte ihn zum Präsidenten. Als Leiter des Arbeitsdepartments führte er eine Reihe sozialer Reformen durch.

Was ihm zwar die Unterstützung der Arbeiter und armen Bevölkerung sicherte, führte zu Missmut bei den führenden Militärs. Im Oktober 1945 ließen sie ihn festnehmen. Sechs Tage danach forderten Hunderttausende Anhänger vor der Casa Rosada seine Freilassung. Mit Erfolg: Um 23 Uhr betrat Perón den Balkon und sprach zu der begeisterten Menge. Der Moment ging als einer der bedeutendsten in die Geschichte ein. Wenige Monate später wurde er das erste Mal zum Präsidenten gewählt.

Madonnas Gesuch war letztlich erfolgreich: Vor 2000 Statisten trat sie 1996 mit Jonathan Pryce als Perón auf den Balkon. Wer heute von dort auf die Plaza de Mayo blickt, der spürt die vibrierende Euphorie der peronistischen Massen und kann ganz leise Madonnas Stimme hören: »Don't cry for me Argentina. The truth is I never left you …«

Adresse Casa de Gobierno de la República Argentina (Casa Rosada), Balcarce 50, Monserrat, CABA | **ÖPNV** Subte A, Haltestelle Plaza de Mayo, Subte E, Haltestelle Bolívar, Subte D, Haltestelle Catedral; Bus 7, 22, 28, 33, 50, 56, 91, 103, 130, 143, 152, 159 | **Öffnungszeiten** kostenlose Führungen auf Spanisch, Portugiesisch und Englisch: Sa, So und feiertags 10 – 18 Uhr alle 10 Minuten | **Tipp** Direkt mit der Casa Rosada verbunden ist das Museo Bicentenario. Es wurde anlässlich 200 Jahre Unabhängigkeit auf den Resten eines alten Zollgebäudes errichtet und behandelt die wichtigsten historischen Momente des Landes.

10 Das Barrio Rawson

Auf den Spuren Cortázars

Die Straßen Avenida San Martín, Tinogasta und Zamudio bilden ein kleines Dreieck, das sich in das Gelände der Agrarfakultät hineinschiebt. Auch wenn es offiziell zum Stadtteil Agronomía gehört, wird es von seinen Bewohnern Barrio Rawson genannt. Der eigene Name hat durchaus seine Berechtigung, denn das Dreiecks-Viertel hebt sich deutlich von seiner Umgebung ab. Es hat besonders schöne Alleen und in der Mitte eine pittoreske kleine Plaza. Nur wenige Jahre nachdem es 1930 gebaut wurde, verhalf ihm sein berühmtester Bewohner zu literarischem Ansehen.

Julio Cortázar lebte hier ab 1934 mit seiner Mutter und Schwester in dem Haus mit der Nummer 3246 in der Straße Artigas. Als Sohn von Argentiniern in Brüssel geboren, war er 1918 mit vier Jahren nach Buenos Aires gekommen. Bereits als junger Lehrer entwickelte er sich zum Meister der Kurzgeschichten, die sich zwischen Realität und Fiktion bewegten. Die Inspiration für diese surrealen Welten holte er sich, so sagt man, hier im Barrio Rawson. Tatsächlich ist das Viertel in zahlreichen seiner Texte gegenwärtig. Es war sein letzter und wichtigster Wohnort in Buenos Aires. Doch auch im französischen Exil während der Perón-Regierung ließ Cortázar die Stadt nie wirklich los. Er kehrte immer wieder zurück, bevor er 1984 an Leukämie in Paris starb.

Seither hat sich im Barrio Rawson kaum etwas geändert: Die Katzen, die Cortázar »Wächter der Gehsteige« nannte, streunen noch immer seelenruhig durch die Straßen, und das Gezänk der Spatzen aus seiner Omnibus-Erzählung von 1951 ist immer noch zu hören. Häuser stehen hier faktisch nie zum Verkauf, sie werden von Generation zu Generation weitergegeben. Niemand möchte diese Stimmung aufgeben, die einen der bedeutendsten argentinischen Autoren des 20. Jahrhunderts so inspiriert hat. Pablo Neruda hat einst über das Werk Cortázars gesagt: »Wer diese Erzählungen nicht liest, ist verloren.«

Adresse Das Barrio Rawson wird begrenzt von Av. San Martín, Tinogasta und Zamudio. Cortázars Haus: General José G. de Artigas 3246, Agronomía, CABA | **ÖPNV** Zug Linie »San Martín« aus Retiro über Palermo, Haltestelle Villa del Parque; Bus 47, 57, 78, 105, 146 | **Öffnungszeiten** Cortázars Haus ist nur von außen zu besichtigen. | **Tipp** An der Ecke Cortázar und Artigas befindet sich das nette »Café Rayuela«, benannt nach einem der wichtigsten Romane Cortázars. Das WiFi-Passwort ist Cortázars Geburtsdatum (Artigas 3199, Di–Do und So 9–20 Uhr, Fr–Sa 9–24 Uhr).

11 Die Buchhandlung Ateneo
Schmökern im goldenen Filmpalast

Auf den Galerien und dem Parkett des Theaters von 1903 reihen sich heute lange Bücherregale. In den vorderen Logen stehen Sofas, auf denen geschmökert werden kann, und auf der Bühne befindet sich ein Café mit einem Piano, das für die passende Hintergrundmusik sorgt. Über alldem wölbt sich ein romantisches Gemälde eines italienischen Künstlers, auf dem sinnbildlich das Ende des Ersten Weltkriegs abgebildet ist. Eine weibliche Figur auf einer von Blumen umrankten Treppe verkörpert den Frieden, und der stürmische Krieg wird von dunklen Wolken verdrängt. Diese Thematik hatte sich Max Glücksmann für die kolossale Kuppel gewünscht, als er das Teatro Nacional 1919 kaufte, restaurierte und »Grand Splendid« taufte.

Der Österreicher machte es zu einem der modernsten Theater der Stadt. Stets auf der Höhe der Zeit, war es Kinopionier und zeigte den ersten Tonfilm, der jemals in Argentinien abgespult wurde. Außerdem wurden von hier die ersten Radiosendungen des Landes ausgestrahlt. Nachdem es mehrere Jahre zwischen Theater und Filmbühne hin und her gewechselt hatte, war es ab 1973 nur noch Kinopalast.

Im Februar 2000 mietete die Kette »El Ateneo« das Theater und baute es zur größten Buchhandlung Südamerikas um. Der Charakter und viele Details des noblen Theatersaals sind erhalten geblieben. Hinter dem Vorhang befindet sich ein alter Sicherungskasten, auf den man einen Blick werfen sollte. Der Schriftzug über dem Eingang, die Goldgeländer, die Verzierungen und der Samtvorhang – alles ist im Originalzustand und macht das Ateneo Grand Splendid zu einem imponierenden Literaturerlebnis.

In Buenos Aires gibt es mit 25 Buchhandlungen pro 100.000 Einwohner übrigens die meisten Buchhandlungen der Welt. Und mit dem El Ateneo nun auch eine der schönsten. Höchstens die Selexyz Dominicanen in Maastricht, die in einer 800 Jahre alten Kirche untergebracht ist, kann ihm das Wasser reichen.

Adresse Av. Santa Fe 1860, Recoleta, CABA | **ÖPNV** Subte D, Haltestelle Callao; Bus 10, 12, 37, 39, 101, 108, 124, 132, 150, 152 | **Öffnungszeiten** Mo–Do 9–22 Uhr, Fr–Sa 9–24 Uhr, So 12–22 Uhr | **Tipp** Acht *cuadras* die Santa Fe aufwärts (2729, Subte Station Pueyrredón) befindet sich der sehenswerte »Patio del Liceo« mit kleinen Läden und Ausstellungsräumen für urbane Kunst und Design. Im ersten Stock gibt es in der Bar »Silla Eléctrica« fast jeden Abend Stand-up-Comedy auf Spanisch (Termine auf Facebook).

12 Das Café de García
Picadas und Billard in Villa Devoto

Hugo García erinnert sich noch gut, wie er seinerzeit mit seinen Eltern und Geschwistern in dem engen Raum hinter der Küche lebte. Heute befindet sich dort das Nebenzimmer des Cafés, wo er donnerstags bis samstags seine legendären *picadas* serviert. So, wie man sie sonst in keinem anderen Lokal der Stadt findet.

Picadas bezeichnet eine Art Brotzeit, die normalerweise aus einer Platte mit Schinken-, Salami- und Käsewürfeln besteht und am frühen Abend den kleinen Hunger stillt. Im »Café de García« sind *picadas* jedoch eine Wucht an Essen: Empanadas, Fisch, Oliven, Gemüsestrudel, gegrillte Paprika und karamellisierte Würstchen – um nur ein paar der Zutaten zu nennen. Wer es schafft, alle zwanzig verschiedenen Tapas zu verzehren, ist garantiert am nächsten Morgen noch satt. An den *picada*-Tagen platzt das kleine Hinterzimmer mit seinen Jagdtrophäen an der Wand daher aus allen Nähten.

Diese Schlemmer-Orgie ist nicht das Einzige, was Hugo von seinen Eltern Metodio und Carolina García übernommen hat, die das Café 1927 gründeten. Auch die Schinkenbeine über dem Tresen und die wilde Dekoration zeugen von einer langen Bar-Tradition. Wer die weite Reise nach Villa Devoto auf sich nimmt, wird in diesem Café mit einer authentischen *barrio*-Atmosphäre belohnt. Alte Männer lesen ihre Zeitung oder schießen die Kugeln über einen der drei Billardtische. Jeder Stammgast hat einen eigenen Queue, der an der Wand mit einem Vorhängeschloss gesichert ist. Die grimmigen Kellner wirken, als wären sie direkt aus einem 30er-Jahre-Film entsprungen, und die Wände sind vollbehangen mit alten Emaille-Werbeschildern, Zeitungsausschnitten sowie Fotos und Autogrammkarten der Berühmtheiten, die das Café bereits beehrt haben.

Auch die Liebe zum Sport ist dem Café anzusehen. Besonders stolz ist man auf ein handsigniertes Trikot von Fußballlegende Diego Maradona, der in Villa Devoto zeitweise gelebt hat.

Adresse Sanabria 3302, Villa Devoto, CABA | **ÖPNV** Zug Linie »San Martín« aus Retiro über Palermo, Haltestelle Devoto, oder Subte A, Haltestelle De los Incas, dann weiter mit Bus 80 bis Ecke Av. Beiró / Sanabria oder Bus 80, 85, 108, 114, 134, 146 | **Öffnungszeiten** Mo–Sa 7–2 Uhr, Do–Sa Spezial-Picadas ab 18.30 Uhr | **Tipp** Vor der Einkehr im García sollte man einen Blick auf das eindrucksvolle Wasserdepot an der Ecke Beiró und Gualeguaychú werfen. Durch die offenen Fenster des renaissancistischen Gebäudes von 1917 kann man die Tanks sehen.

13 Das Café Margot

Wiege des Truthahn-Sandwichs

Die Auszeichnung »Bar Notable« ist in Buenos Aires eine Art gastronomischer Kulturerbe-Status. Er zeichnet Bars und Cafés per Gesetz aus, die aufgrund ihres Alters, ihrer Architektur oder eines historischen Ereignisses besonders repräsentativ sind für das kulturelle Leben der Stadt. Auf über siebzig Gastronomien wurde dieses Gesetz bisher angewandt. Darunter auch das »Café Margot« im traditionellen Tango-Viertel Boedo.

Obwohl es erst 2004 mit seinem heutigen Erscheinungsbild eröffnet wurde, ist es den Besitzern gelungen, den Bogen zu einem herausragenden geschichtlichen Ereignis zu schlagen: die Erfindung des Truthahn-Sandwichs. In den 1940er Jahren kam der Wirt in dieser Eckkneipe auf die glorreiche Idee, Sandwichs mit geräucherter Truthahnwurst und Marinade zu belegen. Dieses kulinarische Novum weckte sogar die Neugier des Präsidenten. Juan Domingo Perón ließ sich höchstpersönlich hier vorfahren, um die Sandwichs zu kosten, von denen er schon so viel gehört hatte. Heute erinnert in dem Café nicht nur eine Plakette an die Geburtsstunde des »Sandwichs de Pavita«, sondern in erster Linie auch die Speisekarte: Man kann aus Hunderten verschieden belegter Brötchen wählen.

Das allein hat dem Café aber wohl noch nicht den begehrten Status als Bar Notable eingebracht. Berücksichtigt wurde sicher auch, dass das Ecklokal auf eine lange, wenn auch unbeständige, Tradition zurückblickt. Unzählige Wirte hat es schon überlebt, sodass oft niemand im Viertel genau wusste, wer hier gerade an der Zapfanlage stand. Aber nie hat die Straßenecke der Avenida Boedo und San Ignacio etwas anderes gesehen als eine Kneipe. Viele der Stammgäste suchen diese Adresse seit Jahrzehnten für ihre morgendliche Zeitungslektüre oder ein Feierabendbier auf. Auch junge Literaten haben sich das »Margot« mit seinem geschickt inszenierten Ambiente der 1930er Jahre als Ort der Inspiration ausgeguckt.

Adresse Av. Boedo 857, Boedo, CABA | **ÖPNV** Subte E, Haltestelle Boedo; Bus 7, 75, 88, 115, 127, 128, 160 | **Öffnungszeiten** täglich ab 8 Uhr | **Tipp** Auf derselben Straße Boedo sollte man zwischen der Av. Independencia und Av. San Juan die Augen aufhalten: Hier stößt man unweigerlich auf den »Rundgang der Steinskulpturen«, eine öffentliche Dauerausstellung auf dem Gehsteig.

14_Die Cantina Don Chicho
Mamma mia!

Wer Glück hat, kann hier der Grande Dame der Pasta selbst beim Kneten und Rollen der Fusilli zusehen. Coti Bustamante, die Chefin der »Cantina Don Chicho«, ist Tochter italienischer Einwanderer und übernahm das traditionelle Pasta-Restaurant von ihrem Schwiegervater Don Chicho, der es 1922 eröffnet hatte. Seitdem ist im Fenster gleich neben dem Eingang ein Tisch aufgebaut, an dem die Nudeln für die Gäste sichtbar und bis heute per Hand hergestellt werden.

Doña Coti, wie sie von allen liebevoll genannt wird, führt gemeinsam mit ihren Nachkommen das kulinarische Vermächtnis fort. Dafür erhielt sie von der Stadt eine Auszeichnung als »Hüterin der Tradition italienischer Migranten«. Italiener sind mit Abstand die größte Einwanderergruppe des Landes. Nach Schätzungen haben heute über 25 Millionen Argentinier mindestens einen italienischen Ahnen.

Die Einrichtung des Restaurants sorgt für eine gemütliche Atmosphäre, die so typisch für die einfachen Gaststätten in Buenos Aires ist. Dicht gedrängt sitzt man an spartanischen Holztischen mit Papiertischdecken. Der Parmesan wird in Plastikschälchen serviert, und als Serviette gibt es ein Blatt von der Küchenrolle. Bodenständigkeit und Authentizität sind die wichtigsten Charaktereigenschaften der mit Fußballpostern und Fahnen dekorierten Kantine. Seit fast hundert Jahren ist das »Don Chicho« nicht nur für die italienische Gemeinde ein familiärer Ort des Einkehrens. »Bienvenidos« steht in großen Lettern an der Wand. Das nehmen sich die Gäste zu Herzen, an fast allen Tagen ist hier jeder Stuhl besetzt, und wenn der 29. eines Monats auf einen Sonntag fällt, benötigt man in jedem Fall eine Reservierung. Die Tradition »Ñoquis del 29« verspricht demjenigen Glück, der an diesem Tag Pasta verzehrt. Aber egal wann man hier einkehrt, verpassen sollte man nicht den gemischten Vorspeisenteller mit Antipasti und *lengua de ternera*, eingelegte Rinderzunge.

Adresse Plaza 1411, Villa Ortúzar, CABA | **ÖPNV** Subte B, Haltestelle Tronador – Villa Ortúzar; Bus 44, 76, 80, 93, 112, 140, 168, 176 | **Öffnungszeiten** Mo ab 20 Uhr. Di–Sa 12–16 und ab 20 Uhr, So 12–16 Uhr, Reservierung unter Tel. 011/45561463 | **Tipp** Nur drei *cuadras* südlich erreicht man die französische Feinkostbäckerei »L'épi Boulangerie« (Roseti 1769, Mo–Sa 8–20 Uhr, So 9–13 Uhr).

15 Die Casa de las Empanadas

42-mal kulinarisch verwöhnt

Empanadas, gefüllte Teigtaschen, sind in Argentinien *der* Snack für zwischendurch. Am liebsten werden sie, per Dutzend, sonntags bestellt, wenn die eigene Küche Ruhetag hat. In Buenos Aires hat so ziemlich jeder ein Empanada-Lokal seines Vertrauens. Es gibt große Ketten mit Filialen in allen Stadtteilen, aber auch die traditionellen Familienbäckereien erfreuen sich fortwährender Beliebtheit. Die typischsten Füllungen sind Rinderhackfleisch, Huhn oder Schinken-Käse. Unterschiede kann man lediglich in der Qualität ausmachen, wobei auch die Geschmacksache ist. Ob frittiert oder aus dem Ofen – über Geschmack lässt sich bekanntlich streiten.

Die »Casa de las Empanadas« in Saavedra, weitab vom touristischen Zentrum, toppt sie jedoch alle. Seit 1991 bietet sie nicht nur den besten Teigmantel, sondern eine konkurrenzlose Vielfalt an Füllungen. Über vierzig verschiedene *gustos* hat Besitzer Oscar Rolon hier kredenzt. Neben zehn unterschiedlich geschnittenen und gewürzten Fleischfüllungen stehen diverse Eigenkreationen auf der Karte: Hühnchen mit Blauschimmelkäse, Aubergine-Paprika-Tomate oder Landjäger und italienischer Provolonekäse mit Zwiebeln. Die Füllung »Datteln und Speck« ist offensichtlich einer spanischen Tapa entlehnt. Wer es scharf mag, wählt die Sorten mit dem Zusatz *picante*. In der »Casa de las Empanadas« kann man sicher sein, auch tatsächlich Schärfe serviert zu bekommen – nicht selbstverständlich in Argentinien. In der Nachtischsparte verwöhnen Vanilleapfel mit Rosinen oder *Dulce de Leche*, die für Lateinamerika so typische ultrasüße Karamellcreme, den Gaumen.

Der schlicht eingerichtete Laden ist hauptsächlich ein Lieferservice, weshalb es keine Tische gibt. Bei schönem Wetter verspeist man die Teigtaschen daher am besten im Parque Saavedra, einer der ältesten Parks der Stadt: Vom Empanada-Haus geht es nach Überqueren der Gleise fünf *cuadras* entlang der Av. García del Río.

Adresse Av. Dr. R. Balbín 4045, Saavedra, CABA | ÖPNV Zug Linie »Mitre« aus Retiro Richtung Mitre, Haltestelle L. M. Saavedra, Zustieg in die Linie z. B. auch möglich an Station Carranza in Palermo (Av. Santa Fé / Av. Cabildo); Bus 29, 41, 67, 71, 93, 110, 130 | Öffnungszeiten täglich außer dienstags 10–23 Uhr, Bestellungen im näheren Umkreis unter Tel. 011/45421650 | Tipp Wer von Retiro aus mit dem Mitre-Zug und dem Tren de la Costa nach San Isidro unterwegs ist, kommt automatisch hier vorbei. Der Ausflug zu den Orten 4, 53, 80 und 98 in diesem Buch lässt sich daher gut mit einem Abstecher in die »Casa de las Empanadas« verbinden.

16 Die Casa de los Leones
Vorsicht: Bissig!

Der Löwe hat den jungen Mann fest im Griff. Mit einer Tatze drückt er ihn kraftvoll auf den Boden und fletscht dabei genüsslich seine Zähne. Das Opfer versucht sich mit einem Arm zu wehren, aber die Aussichtslosigkeit der Situation ist offenbar. Diese Marmorstatue verbildlicht eindrucksvoll, was sich einer Legende nach vor über hundert Jahren hier zugetragen haben soll.

Die prächtige Villa im heutigen Stadtteil Barracas gehörte ab 1880 dem Millionär und Geschäftsmann Eustoquio Díaz Vélez. Er investierte am liebsten in den Handel mit exotischen Tieren. Auch privat umgab sich Díaz Vélez anstelle von Hauskatzen lieber mit echten Löwen – eine Leidenschaft, die ihm zum Verhängnis werden sollte.

Als seine Tochter ihre Verlobung in dem großen Park der Villa feierte, waren die Raubkatzen in ihren Käfigen. Doch nicht alle, einer der Löwen war ausgebrochen und mischte sich nun unter die Gesellschaft. Die Gäste verfielen in Schockstarre. Nur der Hausherr eilte in seine Villa, holte sein Gewehr und erschoss den Löwen aus dem Fenster. Zu spät, sein zukünftiger Schwiegersohn war von der Katze bereits zerfleischt worden. War es reiner Zufall oder die Eifersucht des Löwen? Die Folgen waren jedenfalls dramatisch: Seine Tochter beging vor lauter Verzweiflung über den Verlust ihres Geliebten Selbstmord.

Díaz Vélez ließ alle Löwen durch Statuen ersetzen, die bis heute den Park schmücken. Selbst von den großen Eingangstoren aus blicken steinerne Raubkatzen auf den Gehsteig hinab. Warum er mit einer der Statuen unbedingt das grausame Ereignis jenes Nachmittags abbilden wollte, ist jedoch nicht überliefert. So ist das eben mit Legenden. Die Geister der Tochter und ihres Verlobten sollen jedenfalls noch heute durch die »Casa de los Leones« spuken.

Da sich seit 1965 eine Einrichtung für Menschen mit Behinderung in der Casa befindet, kann man die Statuen nur von der Gartenpforte besichtigen.

Adresse Av. Manuel Montes de Oca 110, Barracas, CABA | **ÖPNV** Subte C, Haltestelle Constitución; Bus 4, 9, 10, 12, 17, 28, 39, 45, 46, 51, 59, 60, 65, 67, 79, 91, 97, 98, 100, 102, 129A, 143, 148, 154, 168, 195 | **Tipp** Direkt daneben befindet sich seit 1779 das Kinderkrankenhaus »Dr. Pedro de Elizalde«. Es war die erste pädiatrische Klinik in Amerika und ist ein eindrucksvolles Gebäude.

17 __ Die Casa de las Murgas
Carnaval porteño

Einerseits steht Murga für eine Musikart und ihre Darbietung, andererseits für die Musikantengruppen selbst. Um die Entstehung dieses populären Brauchs ranken sich diverse Mythen. Vermutlich kommt die Tradition ursprünglich aus Spanien und ist in verschiedenen Ländern Südamerikas adaptiert worden, wo sie in der Regel zur Karnevalszeit zelebriert wird. Die Musik der Sklaven soll darin ihre Spuren hinterlassen haben. Große Trommeln und Becken, satirischer Gesang und bunte Kostüme sind die Grundpfeiler der *murga porteña*.

Oscar Schuhmacher ließ die Jugendliebe zur Murga nicht mehr los. Aus dem Depot, in dem seine Gruppe früher ihre Instrumente lagerte, entwickelte sich ab 2002 die »Casa de las Murgas«. Das kleine Lokal ist Werkstatt, Laden, Treffpunkt und Museum zugleich. Oscar begann hier Pfeifen, Stöcke, Handschuhe und Stoffe für die Kostüme günstig zu verkaufen. Heute stellt er selbst Trommeln her, hilft den Jungen, CDs aufzunehmen, und sammelt Fotos und Fachliteratur. Er repariert, berät, besorgt und lebt für die Murga – die Passion seines Lebens. Über die Jahre wuchs die Casa de las Murgas zu so etwas wie dem kollektiven Gedächtnis des *carnaval porteño* und seiner besonderen Musik heran. Hier kann man sich auf die Suche nach ihren geheimnisvollen Wurzeln begeben und stundenlang mit Oscar darüber philosophieren. Ihm fallen vor allem emotionale Schlagworte zur Murga ein: Boheme, Marginalität, Stolz und Identität. Das eigene *barrio* ist extrem wichtig für die *murgeros*. Fast jede Gruppe benennt sich nach ihrem Stadtviertel. »Los Herederos de Palermo« heißt Oscars Murga.

Heute begegnet man den Trommeln auch in Stadien und bei politischen Demonstrationen. Wer aber einen wahren Eindruck bekommen will, sollte zu einem Murga-Spektakel gehen, die mittlerweile auch vermehrt unterm Jahr stattfinden. Die meisten werden auf der Facebook-Seite der Casa de las Murgas angekündigt.

Adresse Juan Ramírez de Velasco 530, Villa Crespo, CABA | **ÖPNV** Subte B, Haltestelle Malabia – Osvaldo Pugliese; Bus 15, 19, 55, 57, 71, 106, 109, 110, 127, 141, 168 | **Öffnungszeiten** Mo – Fr 16 – 20 Uhr | **Tipp** An der Ecke Av. Corrientes und Julián Álvarez, drei *cuadras* entfernt, befindet sich die antike Apotheke »Del Águila« aus dem Jahr 1895. Die »Farmacia de la Estrella« (Ort 31) ist zwar 61 Jahre älter, es lohnt sich aber dennoch, einen Blick in den »Águila« zu werfen.

18_ Die Casa por la Identidad
Weißt du, wer du bist?

Im November 2015 erfährt Mario Bravo, dass er nicht derjenige ist, der er glaubt zu sein. Achtunddreißig Jahre lang hielt er die Falschen für seine Eltern. Er ist eines der Kinder, die während des Militärregimes von 1976 bis 1983 ihren Müttern vor deren Ermordung geraubt wurden. Ihre Großmütter kämpfen seit 1977 für die Aufklärung der Schicksale ihrer verschwundenen Kinder und Enkel. Weltweit wurden die »Madres« und »Abuelas de la Plaza de Mayo« dafür bekannt. Dank ihrer Hilfe fand Bravo seine leibliche Mutter wieder, eine der wenigen, die ihre Haft überlebten. Über 400 Menschen leben noch heute in Argentinien mit einer falschen Identität.

Die »Casa por la Identidad« ist diesen geraubten Enkeln gewidmet. Sie ist in einem Gebäude der ehemaligen Mechanikerschule der Marine (ESMA) untergebracht, wo während der Diktatur rund 5000 linke Regimegegnerinnen und Guerilleros in einem geheimen Gefängnis gefoltert und später umgebracht wurden. Nur 200 Menschen sollen die ESMA lebend verlassen haben, die ein Steinwurf von jenem Stadion entfernt ist, in dem zur gleichen Zeit das Endspiel der Fußball-WM 1978 ausgetragen wurde. Präsident Menem wollte die Militärgebäude in den 90er Jahren abreißen lassen, was am massiven Widerstand von Menschenrechtsorganisationen scheiterte. 2007 entschied der damalige Präsident Néstor Kirchner, die »ex ESMA« als Gedenkstätte zu erhalten, und übergab den Großmüttern eines der Häuser.

Eine Fotoausstellung zeigt dort auf 5.200 Quadratmetern die Geschichte der *Abuelas* und der zurückgewonnenen Enkelkinder. Auch die wissenschaftlichen Methoden der genetischen Suche werden erläutert. Besonders eindrucksvoll sind die Zitate derer, die ihre wahre Identität wiedererlangen konnten, sowie eine kleine Ziffer an der Wand der Eingangshalle: 117. Sie markiert den aktuellen Stand der gefundenen Enkel. Ist diese Zahl bei Ihrem Besuch schon höher?

Desde 1977 las

Mayo luchan por

y la justicia, y gra

son **1 1 7** los ni

su verdadera ide

Visitantes de est

Adresse Espacio Memoria y Derechos Humanos (ex ESMA), Av. del Libertador 8151, Nuñez, CABA | ÖPNV Zug Linie »Mitre« aus Retiro Richtung Tigre, Haltestelle Rivadavia; Bus 117, 28, 15, 29, 130 | Öffnungszeiten Mo–Fr 10–17 Uhr | Tipp Auf dem Gelände der »ex ESMA« befindet sich unter anderem das ehemalige Casino, das als Folterzentrum fungierte und heute ein empfehlenswertes Museum über die Geschichte der Militärdiktatur ist, außerdem das »Museo Malvinas« (Ort 63).

19__ Das Casino Puerto Madero

Eine schwimmende Politikposse

Glücksspiele sind in der Stadt Buenos Aires verboten. Und trotzdem gibt es in Puerto Madero ein imposantes Casino – ganz legal. Wie ist das möglich?

Im Jahr 1999 schlug die Nationalregierung der Stadt und ihrem damaligen regierenden Bürgermeister, Fernando de la Rúa, ein Schnippchen. Über die nationale Lotterie ließ sie die Eröffnung eines Casinos verkünden, das auf dem Río de la Plata schwimmen sollte. Der Clou: Das Gewässer gehört der Nation und fällt damit nicht unter die Jurisdiktion der Stadt. De la Rúa tobte und leitete ein Gerichtsverfahren ein. Die Zeitung »La Nación« warf der Regierung vor, sie treibe den Sittenverfall im Land voran und setze die ärmere Bevölkerung Versuchungen aus, die sie ins endgültige Verderben stürzten.

Aber die Politikposse nahm ihren Lauf. Die Konzession ging an ein spanisches Unternehmen, und mitten im juristischen Hin und Her eröffnete am 8. Oktober 1999 das Casino-Schiff. Dieses war 1995 in New Orleans gebaut worden und ist als Replik der berühmten Casinodampfer, die Ende des 19. Jahrhunderts auf dem Mississippi schipperten, ein wahrer Blickfang. Aufgrund des Rechtsstreits musste es zunächst in Uruguay anlegen. Dort wurde es argentinisch beflaggt und »Estrella de la Fortuna« – »Stern des Glücks« – getauft. Wenige Tage später lief es in die Becken des Puerto Madero ein, die sich zwar auf dem Stadtgebiet befinden, aber mit nationalem Flusswasser gefüllt sind. Die 1.300 Parkplätze und eine große Eingangshalle mit Restaurants liegen auf dem Festland, die einarmigen Banditen drängen sich auf den engen Decks. Im Jahr 2006 wurde sogar noch ein zweites Schiff angedockt, die »Princess«.

Dem nationalen Schifffahrtsgesetz musste sich das schwimmende Casino jedoch beugen: Es hat einen Kapitän, einen Schiffsingenieur und eine komplette Besatzung – obwohl es sich niemals vom Fleck bewegt. Glück ahoi!

Adresse Av. Elvira Rawson de Dellepiane, Dársena Sur, Puerto Madero, CABA | **ÖPNV** kostenloser Shuttle mit Minibussen von der Ecke Av. Córdoba und Leandro N. Alem (rund um die Uhr) und von Av. Rivadavia und Lima (15–23.30 Uhr); Bus 4, 20, 25, 33, 61, 62, 64, 86, 93, 129, 130, 143, 152, 59, 168, 195 | **Öffnungszeiten** täglich rund um die Uhr | **Tipp** Folgt man der Av. Elvira Rawson 700 Meter nach Norden, erreicht man den imposanten »Brunnen der Nereiden«. 1903 von einer argentinischen Bildhauerin geschaffen, war er ursprünglich für die Plaza de Mayo bestimmt.

20__ Das Chalet der Av. 9 de Julio

Siesta über den Wolken

Dieses Einfamilienhaus hat nur drei Stockwerke und ist doch das höchste der Stadt. Wer es durch Zufall entdeckt, staunt nicht schlecht: Wie mag es wohl auf die Dachterrasse dieses neunstöckigen Gebäudes direkt an der Avenida 9 de Julio gekommen sein? Der valencianische Einwanderer Rafael Díaz verdiente sich seinerzeit hier mit einem Einrichtungshaus eine goldene Nase. Er war der Erste, der Möbel per Katalog und Ratenzahlung im gesamten Land vertrieb. Überlieferungen besagen, dass der Millionär einen Platz für seine Siesta haben wollte. Die dauerte damals immerhin noch von 13 bis 16 Uhr. Da er weit außerhalb in der *provincia* wohnte, baute er sich 1927 kurzerhand ein Häuschen auf sein Einrichtungshaus, direkt auf die Terrasse neben die Ausstellung der Gartenmöbel.

Weder den Obelisken noch die 14-spurige Avenida 9 de Julio gab es damals. Und als diese 1937 erst mal gebaut war, war der Blick auf das Chalet frei, denn der Prachtallee hatte eine ganze Häuserblock-Reihe weichen müssen. Das kostenlose Marketing war perfekt. Automatisch waren Díaz und sein Häuschen auf vielen Postkarten abgelichtet, und der Radio-Jingle »Möbelhaus Díaz. Das Haus mit dem *Chalecito*« wurde zu einem regelrechten Ohrwurm. Gesendet wurde der von der hauseigenen Radiostation.

Díaz starb 1968, und Ende der 70er Jahre musste auch das Möbelhaus schließen. Das Chalet war jahrelang verlassen. Dann wurde es zur Niederlassung einer Modeagentur und eines Fotolabors. Heute befinden sich dort Büros, die immer noch Díaz' Urenkelin gehören. Doch stehen bleibt kaum noch jemand, um mit dem Finger auf das einst so berühmte Häuschen in den Wolken zu zeigen. Kein Wunder, wird es doch jetzt vom Urwald der Bürotürme und riesigen Leuchtreklamen verschluckt. Es gibt nur noch wenige Winkel, von denen aus man einen freien Blick auf das Chalet hat.

Adresse Sarmiento 1113, San Nicolás, CABA | **ÖPNV** Subte B, Haltestelle Carlos Pellegrini, Subte C, Haltestelle Diagonal Norte, Subte D, Haltestelle 9 de Julio; Bus 6, 22, 24, 26, 28, 29, 33, 50, 56, 61, 62, 64, 74, 86, 91, 93, 105, 111, 126, 130, 140, 143, 152, 159, 180, 195 | **Öffnungszeiten** nur von außen zu besichtigen | **Tipp** Sehen kann man das Chalet auch von verschiedenen Aussichtspunkten im Zentrum. Zum Beispiel von der »Galería Güemes« (Florida 165 / San Martín 170, Mo–Fr 9.20–12 und 15–17.40 Uhr, Führung alle 20 Minuten).

21 El Chonino

Hommage an den argentinischen Kommissar Rex

Wohl kaum ein anderer Hund wird es jemals geschafft haben, in seinem Land so viel Anerkennung zu genießen, wie Chonino. Aus dem Fernsehen kennen wir Lassie und Kommissar Rex, doch Chonino ist keine Filmfigur, sondern ein wahrhaftiger Held. Der acht Jahre alte deutsche Schäferhund war bereits seit fünf Jahren im Polizeidienst, als er in einer verregneten Nacht am 2. Juni 1983 mit seinem Herrchen Luis Sibert und dessen Kollege Eduardo Ianni in Villa Devoto auf Streife ging. Als die Polizisten zwei verdächtige Männer darum baten, sich auszuweisen, kam es zu einer heftigen Auseinandersetzung, und Schüsse peitschten durch die Luft. Chonino griff im rechten Moment ein und sprang heldenhaft vor sein Herrchen, als die Täter erneut schossen. Die Kugel, die für Sibert bestimmt war, traf Chonino ins Herz, und er starb. Sibert überlebte, sein Kollege Ianni starb ebenfalls.

Als man später den Hund gründlich untersuchte, entdeckte man in seinem Maul Teile der Manteltasche eines der Verdächtigen mit seinem Ausweis darin. Nur wenige Tage später konnten die bereits lange gesuchten Täter identifiziert und festgenommen werden. Chonino hatte also nicht nur seinem Herrchen heldenhaft das Leben gerettet – und es mit seinem eigenen bezahlt –, sondern hatte auch noch kurz vor seinem Tod das entscheidende Beweisstück sichergestellt.

Heute wird dem tapferen Schäferhund alle Ehre erboten: Sein Abbild findet man in Bronze gegossen auf dem Gelände der Bundespolizei, in Palermo wurde eine Straße nach ihm benannt, und sein Todestag wird seit nun schon fast zwanzig Jahren als »Tag des Hundes« gefeiert. Wer der Sache aber einmal auf den Grund gehen will, schaut sich den toten Rüden noch mal aus der Nähe an – sein Skelett ist im städtischen Polizeimuseum zu finden. Die Einschussstelle an seinem Schulterblatt ist mit einem roten Kreis markiert. Es war eine Pistole vom Kaliber neun Millimeter.

Adresse Museo de la Policía, San Martín 353, 7. Stock (Anmeldung an der Pforte), San Nicolás, CABA | **ÖPNV** Subte B, Haltestelle Florida; Bus 6, 22, 24, 26, 23, 29, 33, 50, 56, 61, 62, 64, 74, 86, 91, 93, 105, 111, 126, 130, 140, 143, 152, 159, 180, 195 | **Öffnungszeiten** Mo−Fr 14−18 Uhr | **Tipp** Das ganze Polizeimuseum ist ein Geheimtipp, den oft nur die Polizeianwärter besuchen. Neben Gegenständen aller Gendarmerie-Epochen ist ein ganzer Raum dem Scharfsinn der Verbrecher gewidmet.

22 Das Choripan an der Costanera

Was für Deutsche die Currywurst ist …

… ist für Argentinier das *Choripan*! Die Wurst im Baguette ist der perfekte Happen für zwischendurch: Sie ist leicht gemacht, schnell gegessen und günstig zu ergattern. Als ursprünglicher Appetizer des argentinischen *asado*, dem traditionellen Grillen, hat sich die würzige Wurst kurzerhand einen eigenen Namen gemacht und wird inzwischen überall im Land auch als Hauptgericht im Brot angeboten, vorzugsweise in Imbissbuden auf der Straße.

An der Costanera, der Küstenstraße entlang des Río de la Plata, übertrumpfen sich die Chori-Buden alle fünfzig Meter gegenseitig. Sie bieten nicht nur die mit Fenchel, Muskat, Paprika, Zimt und Nelken gewürzte Bratwurst an, sondern auch Hamburger, *bandiola* (Schweinenackensteak) und *churrasquito* (Rinderfilet). Tagsüber gibt es kaum einen besseren zentrumsnahen Ort, der einen so freien Ausblick auf den Fluss gewährt. Bei Sonnenschein machen Arbeitskollegen hier Mittagspause, und Reisende stärken sich für ihren Flug, denn der Stadt-Flughafen befindet sich direkt dahinter. Da die meisten Stände 24 Stunden geöffnet haben, sind sie auch ein beliebter Treffpunkt nach einer durchgetanzten Nacht. Man sollte sich, sofern man nicht vegetarisch isst, das Choripan an der Costanera nicht entgehen lassen. Ein Detail darf dabei auf keinen Fall fehlen: Chimichurri, eine ölige Paste aus Petersilie, Pfeffer und Oregano.

Im Schnitt werden in Argentinien jährlich 600 Millionen Choripanes verdrückt. Das beliebte Nationalgericht ist nicht nur in den Nachbarländern Paraguay, Chile und Uruguay bekannt, die Fast-Food-Delikatesse hat sich inzwischen bis nach Kolumbien herumgesprochen. Übrigens: Choripan ist ein Akronym aus den Wörtern *chorizo* – Wurst und *pan* – Brot. Der nicht ganz so schmackhafte, aber ebenso berühmte argentinische Hotdog namens *pancho* entstand aus demselben Wortspiel – nur umgekehrt!

Adresse Av. Costanera Rafael Obligado, Palermo, CABA (auf der Höhe des Inlandflug-hafens Aeroparque Jorge Newbery), z. B. »El Taño Criollo« | **ÖPNV** Bus 33, 45, 160 | **Öffnungszeiten** 24 Stunden täglich | **Tipp** Bei einem Ausflug an der Costanera schauen Sie doch beim »Club de Pescadores« vorbei. Dieser 100 Jahre alte Fischerclub sieht märchenhaft aus.

23 Der Club de Tango

Schatzkammer des Gefühls, das man tanzt

Laufkundschaft kennt die kleine Schatzkammer der Tango-Kultur nicht. Der Laden befindet sich gut versteckt im fünften Stock eines Büroturms unweit des Kongressgebäudes. Der Portier gibt gerne Auskunft, ob Hilda Saigg, die Inhaberin des »Club de Tango«, im Hause ist. Eigentlich kommt die ältere Dame jeden Nachmittag, außer wenn sie ab und an einen Arzttermin oder familiäre Verpflichtungen hat.

Seit ihr Mann Oscar Himschoot im Jahr 2005 starb, betreibt sie den vollgepackten Laden allein. Auch wenn er nicht mehr ganz so lange geöffnet hat, findet man hier zuverlässig wie eh und je ein breites Sortiment an Tango-Raritäten: Original-Partituren, Videos, Postkarten, Poster, Zeitschriften und natürlich jede Menge CDs argentinischer Tangogruppen.

Eigentlich sollte dieses Lokal nur die Redaktion einer kleinen Zeitschrift werden, die Oscar unter dem Titel »Club de Tango« herausgab. Er verabschiedete sich damals von seiner Arbeit als Unternehmer und widmete sich fortan nur noch seiner großen Leidenschaft, dem Tango. Die Zeitschrift wurde schnell zum beliebten Insider-Magazin. Davon allein konnte er jedoch nicht leben. Und so wurde die kleine Redaktion im Büro Nummer 114 zum Tangoladen erweitert. Tänzer und Tangoliebhaber aus der ganzen Welt kommen seither in den Club, um sich mit der neuesten Musik einzudecken, nach einer alten Ausgabe der Zeitschrift zu suchen oder um über die *milonga* des vergangenen Abends zu plaudern.

Hilda tanzt selbst nicht mehr. »Wenn man so viele Jahre immer mit demselben Partner getanzt hat, will man sich nicht mehr umstellen«, sagt sie. Was einmal aus dem Laden wird, wenn sie nicht mehr lebt, daran traut sie sich kaum zu denken. Ihre Kinder und Enkel helfen zwar mit der Internetseite und beim Versandgeschäft nach Übersee, »aber übernehmen wird das hier wohl keiner«, vermutet Hilda. Es wäre zu schade um dieses Juwel!

Adresse Edificio Rose Marie, Paraná 123, 5. Stock, Büro Nr. 114, San Nicolás, CABA |
ÖPNV Subte A, Haltestelle Sáenz Peña, Subte B, Haltestelle Uruguay; Bus 6, 7, 9, 10, 17,
24, 26, 29, 45, 50, 59, 67, 70, 100, 111, 146, 180 | **Öffnungszeiten** Mo–Fr 12–17 Uhr, wer
auf Nummer sicher gehen will, ruft vorher an: Tel. 011/43727251 | **Tipp** Rund um den
Kongress befinden sich weitere versteckte Orte, die in diesem Buch vorgestellt werden: Der
»Barolo-Palast« (Ort 70), die »Pasaje Rodolfo Rivarola« (Ort 75) und die Universität und
das Café der »Madres de la Plaza de Mayo« (Ort 108).

24 Der Conventillo de la Paloma

Einsamer Zeuge der Masseneinwanderung

Im Jahr 1914 stammte in Buenos Aires die Hälfte der Bevölkerung aus dem Ausland. Tausende der von Argentinien angeworbenen Immigranten wurden in Gemeinschaftshäusern untergebracht, die nach den engen Klosterzellen der Mönche, den *conventillos*, benannt wurden. Hier mischten sich Nationalitäten und Dialekte, Berufe und Ideen. Sie waren der Nährboden für die *cultura popular*, die sich im Tango und im Lunfardo, dem regionalen Slang, ausdrückt.

Rund 400 Einwanderer aus Europa wohnten in den 112 Zimmern des »Conventillos de la Paloma«, als er 1886 für die Arbeiter der Schuhfabrik La Nacional de Calzados gebaut wurde. Jedes Zimmer verfügte über eine eigene Kochgelegenheit, mit insgesamt nur zwei Bädern waren die hygienischen Zustände jedoch miserabel.

Heute leben hier nur noch 17 Familien, die meisten davon argentinischer Herkunft. Sie kämpfen darum, das geschichtsträchtige Haus zum kulturellen Erbe erklären zu lassen, denn seit 2011 beanspruchen Erben der Fabrikbesitzer das Grundstück und wollen den Conventillo abreißen lassen. Abel Acosta, der Sprecher der heutigen Hausgemeinschaft, würde hier gerne ein Kulturzentrum mit Museum aufbauen. Zu Recht, denn der Conventillo ist einer der letzten so gut erhaltenen Zeugen seiner Art der Masseneinwanderung des 19. Jahrhunderts.

Seinen Namen verdankt dieser *conventillo* der sagenumwobenen Figur der Paloma, einer Dame mit weißem Kleid. Die einen behaupten, sie war Arbeiterin, andere sagen Prostituierte. Die Männer im *conventillo* jedenfalls sollen ihr zu Füßen gelegen haben, wenn sie die Treppe von ihrem kleinen Balkon im letzten Zimmer des Ganges herabkam. 1929 feierte ein Theaterstück Premiere, das ihr gewidmet wurde und bis heute regelmäßig auf die Bühne gebracht wird. Abel führt Gäste gerne durch den Conventillo und zeigt ihnen den Balkon von Paloma, der heute zu seinem eigenen Patio gehört.

Adresse Serrano 156, Villa Crespo, CABA | **ÖPNV** Zug Linie »San Martín« aus Retiro, Haltestelle Chacarita, Subte B, Haltestelle Malabia; Bus 15, 24, 34,42, 55, 57, 76, 106, 109, 110, 112, 166 | **Öffnungszeiten** von außen jederzeit, Abel ist am ehesten am Wochenende von 11 bis 17 Uhr anzutreffen oder Anmeldung unter conventillolapaloma@gmail.com bzw. Tel. 011/48579161 | **Tipp** Übrigens besteht auch die Touristenattraktion »El Caminito« im Hafenviertel La Boca aus ehemaligen *conventillos*. Die wurden allerdings für Besucher herausgeputzt und beherbergen nun Souvenirläden statt Familien.

25 Der Convento de Santo Domingo

Kampfspuren und Kriegstrophäen

Zur gewöhnlichen Ausstattung katholischer Kirchen gehören Marienfiguren, Glasfenster, Beichtstühle und religiöse Gemälde. Kriegstrophäen hingegen sind eher ein ungewöhnliches Interieur. In den Gängen rund um den Hauptaltar des Convento de Santo Domingo hängen in Form von ausgeblichenen und ramponierten Union Jacks gleich vier davon.

Erbeutet hat sie der General Santiago de Liniers, nachdem seine Einheit die erste britische Invasion in Buenos Aires im Jahr 1806 erfolgreich zurückgeschlagen hatte. Bevor er sich in den Kampf aufmachte, nahm er in dieser Basilika an einer Messe teil und bat die Jungfrau Maria vom Rosenkranz um ihr Geleit. Im Gegenzug versprach er, ihr im Falle eines Sieges die britischen Fahnen zu opfern. Das Gespräch, das Liniers mit einem Pater über dieses Versprechen geführt hat, ist in den Büchern der Kirche dokumentiert. Liniers hielt Wort. Am 12. August 1806 schlug er die britische Marine, und am 24. desselben Monats übergab er die Flaggen dem Konvent. Dieser bewahrt sie bis heute eingerahmt und hinter Glas sorgsam hier auf.

Als die Briten ein Jahr später erneut versuchten, die Stadt einzunehmen, spielte der Konvent abermals eine Schlüsselrolle. Eindringlinge verschanzten sich auf dem Ost-Turm der Basilika, woraufhin eine Einheit der Miliz sie mit Kanonen beschoss. Der Turm wurde stark beschädigt, und viele der Kugeln blieben im Mauerwerk stecken. Die Auseinandersetzung ging als »Schlacht von Santo Domingo« in die Geschichtsbücher ein. In der Zeit von Präsident Rosas, zwischen 1835 und 1852, wurden die Kugeln entfernt, stattdessen aber in Gedenken an das glorreiche Ereignis Holzimitate eingesetzt. Diese sieht man bis heute an der Fassade des Turms. Da er komplett restauriert wurde, werden die Kugeln von den meisten entweder nicht wahrgenommen oder für eine etwas sonderbare Verzierung gehalten.

Adresse Av. Belgrano 422, Ecke Denfsa, Monserrat, CABA | **ÖPNV** Subte E, Haltestelle Belgrano; Bus 22, 24, 28, 29, 86, 126 | **Öffnungszeiten** zu Messen, Führungen nur auf Anfrage unter Tel. 011/43311668 | **Tipp** Die Entstehungsgeschichte dieser Kirche ergänzt sich gut mit einem Besuch der Jesuiten-Tunnel auf der Manzana de las Luces (Ort 105).

26__Diarios de Antaño

Was war los in der Welt am …?

»Seien Sie neugierig! Was passierte, als Sie geboren wurden?«, fordert ein Schild Passanten in der unterirdischen »Galería Obelisco Norte« auf. In dem kleinen, bis unter die Decke vollgepackten Lokal verkauft Graciela Morales alte Zeitungen. Sie hat Exemplare ab dem Jahr 1870, von denen einige Ausgaben besonders gefragt sind: der Tag, an dem Evita, Che Guevara oder Carlos Gardel starben, oder geschichtliche Ereignisse wie das Ende des Zweiten Weltkriegs, der Mauerfall in Berlin oder die Bombe über Hiroshima. Aber auch Sporterfolge, die zu Legenden geworden sind, gehen weg wie warme Semmeln. Man denke nur an die berühmte »Hand Gottes«, mit der Diego Maradona bei der Fußball-WM 1986 ein Tor gegen England erzielte. Nicht nur Menschen, die ein ausgefallenes Geburtstagsgeschenk suchen, gehören zu ihren Kunden, auch Forscher, Sammler und Nostalgiker.

Ihre Arbeit hat Ähnlichkeiten mit einem Whiskybrenner: Die Investition von heute zahlt sich erst in zehn, zwanzig oder dreißig Jahren aus. Graciela kauft seit 1998 jeden Tag mehrere Ausgaben aller argentinischen Gazetten, um sie hoffentlich eines Tages ein wenig teurer verkaufen zu können. Manchmal bekommt sie aber auch stapelweise Zeitungen geschenkt, die Angehörige nach dem Tod der sammelfreudigen Großmutter im Keller entdeckten.

Die Untergrund-Flaniermeile, die unter der Avenida 9 de Julio hindurchführt und gleichzeitig Zugang zur U-Bahn ist, eröffnete im Jahr 1960. Ihren »antiken« Charme verlor sie durch die Renovierung 2014. Keiner darf mehr kreuz und quer Waren vor seinem Schaufenster drapieren, und man stößt mit dem Kopf nicht mehr an die Leuchtreklame im Retro-Look. Heute sehen alle Lokale von außen gleich aus, es gibt Aircondition und Ladestationen für Handys. Auf einer Tafel, kurz vor dem Treppenaufgang zur Carlos Pellegrini, erinnert ein Foto an das Flair von damals. Darauf zu sehen: Gracielas »Diarios de Antaño«.

Adresse Galería Obelisco Norte, Local 9B, Carlos Pellegrini, Höhe 400, San Nicolás, CABA | **ÖPNV** Subte B, Haltestelle Carlos Pellegrini, Subte C, Haltestelle Diagonal Norte, Subte D, Haltestelle 9 de Julio; Bus 6, 7, 9, 10, 17, 24, 26, 29, 45, 50, 59, 67, 70, 100, 111, 129M, 146, 180, Zugang zur Galerie direkt über die Station Pellegrini | **Öffnungszeiten** Mo–Sa 13.30–19 Uhr | **Tipp** Wenige Gehminuten entfernt befindet sich auf der Av. de Mayo 825 eines der ältesten Cafés der Stadt, das berühmte »Café Tortoni« (Mo–Fr ab 8 Uhr, Termine für Veranstaltungen wie Tangoshows auf der Internetseite).

27 __ Die Disco Amerika

Bunt und wild durch die Nacht

Das »Amerika« im Stadtteil Almagro ist seit 1999 eine Instanz im Nachtleben von Buenos Aires. Hier treffen sich Lesben, Schwule, Bi-, Trans- und Intersexuelle, aber auch Heteros zum gemeinsamen Feiern bis zum Morgengrauen. Die einzige Parole lautet: »Sei, wer du bist, und hab Spass daran!«. Nachdem der Eintritt bezahlt ist, kann das Portemonnaie getrost in der Tasche bleiben, es gibt die ganze Nacht Freigetränke.

Über 1.800 Personen passen auf die drei Floors, auf denen von Donnerstag bis Sonntag Elektro, House, Latin und Pop gespielt wird. Die Stimmung auf der Tanzfläche ist stets respektvoll ausgelassen – kein Vergleich mit anderen (Hetero-)Discos dieser Stadt, wo das Ambiente oft von Macho-Männern bestimmt wird. In den frühen Morgenstunden des Samstag und Sonntag wird das Wochenende mit einer perfekt choreografierten Travestie- und Tanzshow gefeiert. Gekrönt wird die Zelebration der menschlichen Vielfalt von einem großen Tunnel auf einer der beiden Galerien, in dem alles erlaubt ist, wonach es den Sinnen im Rausch der Nacht steht. Wer Berührungen scheut, sollte sich aber lieber fernhalten.

Anwohner hatten immer wieder versucht, gegen das »Amerika« vorzugehen – angeblich wegen der Lautstärke. Ein Gericht konnte aber nicht zu viel Lärm feststellen, sondern vielmehr Homophobie als wahren Beweggrund der Nörgler. Insgesamt ist es für die argentinische Jugend aber in den vergangenen Jahren einfacher geworden, sich zu outen. Die katholisch geprägte Gesellschaft ist toleranter geworden, und die fortschrittliche Gesetzgebung trägt Früchte. Argentinien war das erste lateinamerikanische Land, das im Jahr 2010 die Ehe für Homosexuelle öffnete und schwule und lesbische Lebensgemeinschaften auf allen Ebenen gleichstellte. In den entsprechenden Gesetzen wird nun einfach von »Eheleuten« und nicht mehr von »Mann und Frau« gesprochen. Damit wurde automatisch auch die Adoption für verheiratete Schwule und Lesben legal.

Adresse Gascón 1040, Almagro, CABA | **ÖPNV** Bus 19, 24, 26, 71, 92, 99, 109, 124, 127, 160, 168 | **Öffnungszeiten** Fr–So sowie manchmal Do und vor Feiertagen 0–6 Uhr, aktuelles Programm unter www.ameri-k.com.ar | **Tipp** Drei *cuadras* entfernt kann man im alternativen Kulturzentrum »Club Cultural Matienzo« optimal in den Amerika-Abend starten (Pringles 1249, Di–Fr ab 19 Uhr, Sa, So und feiertags ab 20 Uhr).

28 Die Einschusslöcher von 1955
Narben der Geschichte

Der untere Teil des Wirtschaftsministeriums an der Plaza de Mayo ist mit glatten Granitplatten verkleidet. An einer Stelle wurde das Gestein jedoch von einem Kugelhagel durchlöchert. Direkt davor geht es die Treppen hinunter zur Subte-Linie A. Den meisten Menschen, die hier hinabeilen, fallen diese Narben der Geschichte nicht auf. Die Löcher waren die Vorboten der wohl instabilsten und gewalttätigsten dreißig Jahre der argentinischen Geschichte.

In seiner zweiten Amtszeit richteten sich nicht nur Großgrundbesitzer-Oligarchie und katholische Kirche gegen den gewerkschaftsfreundlichen Präsidenten Perón, auch die Armee befand sich seit einigen Jahren in latenter Konspiration. Am 16. Juni 1955 bombardierten Flugzeuge der Marine im Tiefflug die Plaza de Mayo, um Perón in der »Casa Rosada« zu töten. Er war allerdings gewarnt worden und hatte sich in Sicherheit gebracht. Der Putschversuch wurde zum Massaker an der Zivilbevölkerung. Die erste Bombe fiel auf einen Schulbus. Insgesamt starben 308 Menschen, 800 wurden verletzt. Noch am Abend kapitulierten die Putschisten. Es war die traurige Feuertaufe der argentinischen Streitkräfte gegen die eigene Bevölkerung.

Die Spuren, die dieser Angriff am Wirtschaftsministerium hinterlassen hat, wurden nie entfernt. Cavallo, ein ehemaliger Minister, ließ in den 90er Jahren über den Einschusslöchern eine Plakette anbringen, die an das Ereignis erinnert. Folgt man von hier der Straße Hipólito Yrigoyen ein Stück bergab, sieht man hinter dem Eingangspavillon des »Museo Bicentenario« mehrere Bronzegesichter auf Pfählen. Ein Kunstwerk, das den Opfern dieses Angriffs gewidmet ist.

Noch im November 1955 gelang ein erneuter Putsch, Perón floh ins Exil. Es folgte eine dreijährige Militärherrschaft, die im sozialen und politischen Chaos mündete und letztlich zur blutigsten Diktatur der argentinischen Geschichte von 1976 bis 1983 führte.

Adresse Plaza de Mayo, Hipólito Yrigoyen 250, Monserrat, CABA | **ÖPNV** Subte A, Haltestelle Plaza de Mayo, Subte D, Haltestelle Catedral, Subte E, Haltestelle Bolívar; Bus 2, 8, 20, 22, 24, 28, 29, 56, 64, 86, 91, 93, 103, 105, 111, 126, 143, 152, 159 | **Tipp** Fußläufig liegt auf der Av. Alicia Moreau de Justo 980 das Museumsschiff »Presidente Sarmiento«, ein Dreimaster aus dem Jahr 1889, der als Segelschulschiff der argentinischen Marine diente (Mo–So 10–19 Uhr).

29 Der Elefantenpalast
Ein Hindutempel für die Dickhäuter

Im Grunde ist der Zoo von Buenos Aires eine recht traurige Angelegenheit. Die Käfige sind allesamt zu klein, der Lärm der angrenzenden Avenidas sorgt für kontinuierlichen Stress der Tiere, und während der Recherchen zu diesem Buch streikten die Angestellten regelmäßig, weil sie neben ihren Arbeitsplätzen auch um die Gesundheit der Tiere fürchteten. Das private Zoo-Unternehmen hatte seit Wochen nicht die nötigen Medikamente besorgt, sodass bereits ein Giraffenjunges gestorben war.

Bedauernswert, denn eigentlich bietet der Zoo zahlreiche architektonische Ausgefallenheiten. Aus den vielen Skulpturen und besonderen Tiergehegen sticht vor allem das Elefantenhaus heraus. Es wurde 1904 als Replik des Hindutempels der Gottheit Nimaschi in Mumbai gebaut. Man wollte eine visuelle Verbindung zwischen den einzelnen Tierarten und ihrem jeweiligen Herkunftsland schaffen. Der achteckige »Palacio de los Elefantes« ist mit vier Türmen und zahlreichen indischen Skulpturen verziert. Zur Bauzeit residierte dort das asiatische Elefantenpaar Saiam und Aria. Im Vergleich zu ihrer bisherigen Unterkunft war der Tempel zwar ein deutlicher Gewinn an Lebensqualität, dennoch durchbrach Saiam noch während der Einweihungsfeier einen Gitterstab und machte sich auf einen Spaziergang durch den Zoo.

Später lebten hier überwiegend afrikanische Elefanten, die vermutlich nicht dem hinduistischen Glauben angehörten, sich aber tolerant zeigten.

Richtig glücklich sah man die Dickhäuter trotz des schönen Hindutempels selten. Bereits 1943 wurde der Palacio de los Elefantes zum Schauplatz einer Tragödie: Der Elefantenbulle Dalia geriet so sehr in Wut, dass die Wärter keinen anderen Ausweg wussten, als ihn zu erschießen. Und den heutigen Bewohner kann man schon mal dabei beobachten, wie er aus Langeweile eine Taube zu Tode trampelt – für einen Vegetarier ziemlich ungewöhnlich.

Adresse Haupteingang an der Plaza Italia, Palermo, CABA; Infos zur aktuellen Lage der Angestellten auf Facebook beim »Movimiento Revolucionario Trabajadores del Zoo« | **ÖPNV** Zug Linie »San Martín« aus Retiro, Haltestelle Palermo, Subte D, Haltestelle Plaza Italia; Bus 10, 12, 15, 21, 29, 34, 39, 41, 57, 59, 60, 64, 67, 68, 93, 95, 111, 118, 128, 141, 152, 160, 161, 188, 194 | **Öffnungszeiten** täglich 10 – 18 Uhr, letzter Einlass 17 Uhr | **Tipp** Links vom Haupteingang sind Stolpersteine in den Gehsteig eingelassen. Sie erinnern an die Menschen, die von der letzten Militärdiktatur in diesem Zoo verschleppt und umgebracht wurden.

30___Das Ex CCDTyE Olimpo
Mitten unter uns

»Ex CCDTyE Olimpo« steht für *Ex Centro Clandestino de Detención, Tortura y Exterminio Olimpo*. Der Name sagt alles aus, was hier zwischen August 1978 und Januar 1979 geschehen ist: In dem Geheimgefängnis, Folterzentrum und Vernichtungslager starben etwa 650 Menschen. Das »Olimpo« war Teil des Netzwerks von Haftzentren der letzten Militärdiktatur. Das wichtigste davon war die »ESMA«, die Technikschule der Marine (Ort 18), wo seit 2004 eine viel beachtete Gedenkstätte entstanden ist. Deutlich weniger im Zentrum der nationalen und internationalen Aufmerksamkeit steht das Ex Olimpo.

Noch deutlicher als die ESMA befand sich das Olimpo mitten in einem Wohnviertel im Stadtteil Veléz Sarsfield. Als die Militärs das ehemalige Straßenbahndepot enteigneten, brachten sie dort offiziell eine Autowerkstatt unter. In Wirklichkeit bauten sie es zum Folterzentrum um. Am Eingang brachten sie ein Schild an mit den Worten: »Herzlich Willkommen im Olymp der Götter«. 1978 kamen die ersten Gefangenen mit verbundenen Augen hier an.

Nach der Rückkehr zur Demokratie blieb das Gelände zunächst in der Hand der Bundespolizei. 1999 regte der Film »Garage Olimpo« die ersten öffentlichen Diskussionen über das hier Geschehene an, und 2004 wurde der Ort schließlich einer Kommission aus Überlebenden, Nachbarn und Menschenrechtsgruppen übergeben. Seither ist viel passiert: Umfragen wurden durchgeführt. Man wollte erfahren, was die Menschen aus dem *barrio* über die Geschichte des Geländes wissen. Das Verwaltungsgebäude, der Ort der Gräueltaten, wurde sorgfältig konserviert und der Rest des Geländes im Jahr 2015 von Kooperativen aus dem Viertel zu einem Park- und Veranstaltungszentrum umgebaut.

Hier soll das Gegenteil von dem entstehen, was die Militärs erreichen wollten: Zusammenhalt, Kreativität und Kultur. Im Ex Olimpo kann man miterleben, wie sich ein Stadtviertel seiner Vergangenheit stellt.

Adresse Ramón L. Falcón 4250, Vélez Sársfield, CABA | ÖPNV Zug Linie »Sarmiento« aus Once, Haltestelle Floresta; Bus 1, 2, 5, 8, 36, 49, 63, 85, 88, 92, 96, 107, 113, 114, 136, 153, 163, 182 | Öffnungszeiten Erinnerungsort: Mo–Fr 9–17 Uhr. Veranstaltungen und aktuelle Infos: Tel. 011/46746471, www.exccdolimpo.org.ar | Tipp In der Nähe befand sich noch ein weiteres, kleineres Folterzentrum, das Ex CCDTyE »Automotores Orletti«. Wer einen Eindruck von dem Netzwerk der Haftanstalten bekommen will, sollte auch dieses besuchen (Venancio Flores 3519/21, Floresta; Mo–Fr 9–16 Uhr).

31 Die Farmacia de la Estrella

Die älteste Apotheke der Stadt

Diese Apotheke sollten Sie nicht nur mit einem Schnupfen aufsuchen – auch wenn Ihnen eine der alten Rezepturen sicherlich helfen könnte. Die Farmacia de la Estrella ist die älteste Apotheke der Stadt. Bemüht um das Wohlergehen der *porteños*, sorgte Präsident Rivadavia im Jahr 1834 für ihre Gründung. Rivadavia warb den italienischen Botaniker und Biochemiker Dr. Pablo Ferrari an, der hier zum ersten Pillendreher wurde. Kaum zwanzig Jahre zuvor hatte man die Unabhängigkeit von Spanien erlangt, doch auf europäisches Wissen wollte oder konnte man noch nicht verzichten. Typisch für die Zeit platzierte man die Apotheke gegenüber einer Kirche, damit man sich im Notfall am Turm orientieren konnte.

Heute ist die Sternenapotheke im wahrsten Sinne eine lebende Ausstellung, denn sie ist in Betrieb und gleichzeitig Teil des städtischen Museums im selben Gebäude. Kaum über der Schwelle, findet man sich auf venezianischem Fliesenmosaik wieder, und der Blick wird schnell vom Inventar gefangen: Antike Nussbaummöbel, Carrara-Marmor und Glaskunst aus Italien schmücken den großen Raum. An der Decke offenbaren sich die Wandmalereien des Italieners Carlos Barberis, die den Triumph der Medikamente gegen die Krankheit illustrieren. Es wird gemunkelt, für eine der abgebildeten Göttinnen habe die Schwiegertochter des zweiten Besitzers Don Silvestre Demarchi Modell gestanden. Als dieser starb, übernahmen seine Söhne das Geschäft und erweiterten es zu einem in Südamerika führenden Drogeriegroßhandel.

Noch heute ist die Farmacia de la Estrella eine Instanz. Der aktuelle Apotheker bedient hier seit über 25 Jahren die Kundschaft, und neben modernen Medikamenten und bunten Drogerieartikeln stehen in den antiken Regalen noch immer nach Originalrezepten hergestellte Mixturen, die wohl schon Rivadavia kurierten: Manetti-Sirup gegen Verdauungsstörungen oder das magenstärkende Tonikum Hesperidin.

Adresse Defensa 201, Montserrat, CABA | **ÖPNV** Subte A, Haltestelle Plaza de Mayo, Subte D, Haltestelle Catedral, Subte E, Haltestelle Bolívar; Bus 2, 8, 22, 24, 28, 29, 56, 64, 86, 91, 103, 105, 111, 126, 143 | **Öffnungszeiten** Mo–Fr 8–20 Uhr, Sa 8–13 Uhr | **Tipp** Direkt um die Ecke befindet sich das nicht ganz günstige, aber hervorragende japanische Restaurant »La Casa del Dios de los Vientos Furaibo« (Adolfo Alsina 429, Mo–Sa 12–16 und 19–22 Uhr).

32 Die Feria von Mataderos
Folklore, Kunsthandwerk und kulinarischer Genuss

Ferias – Kunsthandwerksmärkte mit Essensständen und Straßenmusik – gibt es in dieser Stadt wie Sand am Meer. Die bekanntesten sind auf der Plaza Dorrego in San Telmo, der Plaza Francia in Recoleta und der Plaza Serrano in Palermo. Um die Feria de Mataderos zu erreichen, muss man bis an den äußersten Stadtrand fahren. Lange Zeit galt das Viertel als Knotenpunkt zwischen Stadt und Provinz.

So war es vermutlich kein Zufall, dass Mitte der 80er Jahre die Feria auf dem Marktplatz von Mataderos entstand. Argentinien war gerade zur Demokratie zurückgekehrt, und die Menschen begannen den öffentlichen Raum zurückzuerobern. Gleichzeitig hatte die Frage der Identität für viele Argentinier Hochkonjunktur. Für die *provincianos* in Buenos Aires ist die Feria ein Ort, an dem sie ihre Identität leben können. Hier werden folkloristische Tänze wie Chacarera oder Zamba getanzt – auf der Bühne oder unten auf dem Pflaster. Ob aus Feuerland oder Jujuy, ob in Jeans oder Tracht, ob alt oder jung: Man schwelgt gemeinsam in Erinnerungen an das eigene Leben oder das der Großeltern in der Provinz.

Die 300 Stände verschiedener Künstler und Handwerker erstrecken sich vor den Mauern des 1901 eröffneten Mercado de Liniers. Er war einst der wichtigste Schlachthof der Stadt und gab dem Viertel seinen Namen – *Mataderos* heißt »Vieh- und Schlachthof«. Obwohl der Betrieb Anfang der 80er wegzog, werden hier noch täglich 9.000 Rinder versteigert. Kein Wunder, dass sich unter das feine Bukett von frisch gegrilltem Rindfleisch und karamellisierten Äpfeln der Feria auch Prisen von Stallgeruch mischen. Die Vielfalt des Angebots reicht von Ton- und Lederwaren über traditionelle Reitutensilien bis hin zu Schmuck und Webereien. Hier findet man garantiert die authentischsten Souvenirs zu fairen Preisen. Überblickt wird das Treiben von der Statue des *Gaucho Resero*, dem Symbol von Mataderos.

Adresse Av. de los Corrales 6500, Mataderos, CABA | **ÖPNV** Subte E (Plaza de los Virreyes), weiter mit Bus 97, 103, 141. Wer sich noch nicht so gut auskennt, nimmt von der Subte-Station am besten ein Taxi. | **Öffnungszeiten** So ab 11 Uhr, im Februar zusätzlich Sa ab 18 Uhr | **Tipp** Direkt an der Ecke vor der Bühne (de La Torre 2407) befindet sich das Traditionslokal »El Oviedo«, das 1900 eröffnete und eine Instanz für die Arbeiter des Schlachthofs war.

33 Die Fileteado-Werkstatt

Eine verlorene Kunstform ist wiederauferstanden

Fileteado ist eine für Buenos Aires (wieder) typische Ornament-Malerei. Präzise Linien, Blumenranken, dreidimensionale Effekte und eine bewusste Überfrachtung des Bildes sind das Fundament dieser Handwerkskunst. Im Zentrum steht meist ein humorvolles Sprichwort oder ein Tangosymbol, das von Flaggen in den argentinischen Nationalfarben, Blättergirlanden, Füllhörnern und Blüten umrahmt wird.

Entstanden Anfang des 20. Jahrhunderts als simple Verzierung von Lkw-Karosserien, waren früher nahezu alle Omnibusse über und über mit *fileteados* dekoriert. Bis es der Stadt 1975 zu bunt wurde und sie die Bemalung verbot. Die Nummern der Linien und ihre Ziele seien nicht mehr zu erkennen. Die als minderwertig abgetane Kunst verschwand aus dem öffentlichen Raum, bis sie der Tourismusboom zu Beginn des neuen Jahrtausends wieder hervorlockte. Heute zieren die farbenfrohen Muster Schaufenster, Restaurantschilder, Plakate und Möbel vor allem in den Stadtteilen San Telmo, Almagro und Boedo.

Miguel Angel ist einer der wenigen, der die Kunstform des *fileteado* von der Pike auf erlernt hat. Seine kleine Werkstatt in San Telmo hat keine Internetseite, sein Können spricht sich rum: »In dieser Straße habe ich fast alle Läden bemalt«, erzählt er stolz. Seit er am 2. Dezember 2015 aus der Zeitung erfahren hat, dass das *fileteado porteño* zum immateriellen Kulturerbe durch die UNESCO erklärt wurde, steht sein Telefon nicht mehr still. Immer mehr Menschen wollen Kurse bei dem *fileteador* belegen. Die einst verbotene Kunst ist wieder en vogue.

Auch wenn man keinen Auftrag mitbringt, Miguel zeigt gerne, wie seine Werke entstehen. Zum »Filetieren« braucht er sechs Zentimeter lange Pinselhaare und vor allem eine ruhige Hand. Wer beim nächsten Restaurantbesuch einmal genau hinschaut, merkt, dass das verschnörkelte Schild überm Eingang ganz sicher nicht gedruckt ist.

Adresse Chile 886, San Telmo, CABA | **ÖPNV** Subte C und E, Haltestelle Independencia; Bus 2, 9, 10, 17, 45, 59, 67, 70, 91, 98, 100, 103, 129M, 195 | **Öffnungszeiten** Mo–Fr 9–19 Uhr. Infos zu Touren mit Fileteado-Workshop bei Miguel unter tours@054online.com und Tel. 011/23187685 | **Tipp** Drei *cuadras* weiter gibt es ein nettes Café, in dem man auch gut zu Abend essen kann. Manchmal spielt jemand am Klavier: »Café La Poesía« (Chile 502, Mo–So ab 8 Uhr).

34_ Der Fischerclub Pejerrey

Solebad von Quilmes

Es wäre die perfekte Horrorfilm-Kulisse: verfallene Pavillons, rissige Holzgebäude und morsche Planken, durch die man auf der Flucht vor dem Kettensägen-Mörder hinab in die Fluten des Río de la Plata stürzt. Der breite Steg des Fischerclubs »Pejerrey« in Quilmes hat schon bessere Zeiten gesehen. Man kann das aristokratische Ambiente aber noch erahnen, das hier einst über dem Ufer schwebte. 1927 eröffnete eine italienische Familie diesen Erholungspark mit dem ersten Schwimmbad Argentiniens, integriert in die Pier-Anlage. Gefüllt wurde es mit Salzwasser, das man bei Bohrungen siebzig Meter unter der Erde entdeckt hatte. Die Rambla auf Holzpfählen wurde zum beliebten Ausflugsziel der Großstädter. Wer sich den Strandurlaub in Mar del Plata nicht leisten konnte, fand in Quilmes eine erfrischende Alternative.

Im Jahr 1938 gründete sich der Fischerclub, der später die gesamte Anlage übernahm. In Eigenleistung errichteten die Mitglieder in den 50er Jahren den Angel-Pier, der 700 Meter in den Fluss hineinreicht. Über die Jahre machte die Witterung dem Steg schwer zu schaffen, wodurch heute große Teile nicht mehr begehbar sind. Staatliche Gelder für die geplante Restaurierung kamen nie beim Club an. Seit November 2015 hat Quilmes einen neuen Bürgermeister. Im Vorstand besteht nun wieder Hoffnung, dass sich der ursprüngliche Geist der Plattform noch retten lässt.

Die beiden Pools mit ihrem türkisgrünen Wasser haben hingegen bis heute ihren karibischen Charme bewahrt. Man könnte meinen, der Boden des Beckens sei farbig gestrichen worden. Manche vermuten gar, das Wasser sei durch Algen verschmutzt. Aber nichts dergleichen ist der Fall: Das Salzwasser kommt immer noch frisch aus der Tiefe und wird alle drei Tage gewechselt. Ein Glücksfall für die *quilmeños*, denn im Fluss kann man schon lange nicht mehr baden. Nach dem Planschen geht's zum Sonnenbad bei einem kühlen Bier – natürlich ein Quilmes.

Adresse Av. Cervantes, Ecke Av. Isidoro G. Iriarte, Quilmes, Provincia | **ÖPNV** Zug Linie »Roca« aus Constitución Richtung La Plata oder Bosques, Haltestelle Quilmes, weiter mit Bus 278, 281, 585 oder Taxi. Alternativ: Die Busse 85 (aus Flores, Caballito) und 98 (aus Once über Constitución) halten direkt am Clubeingang. | **Öffnungszeiten** Steg und Schwimmbad auch für Nichtmitglieder täglich außer Di 10–19 Uhr, Angel-Pier und Park zu jeder Zeit | **Tipp** Es befinden sich zwei größere Restaurants auf dem Steg, wo sich auch im Winter das Fluss-Ambiente genießen lässt – vielleicht bei frischem Fisch?

35 Die Floralis Genérica

Die Königin der Blumen ist aus Aluminium

Der Architekt Eduardo Catalano wollte seiner Stadt im Jahr 2002 ein neues Wahrzeichen schenken und entwarf dafür diese Blume aus Aluminium. Auf Postkarten dominiert zwar der Obelisk, aber die »Floralis Genérica« ist so etwas wie das informelle Wahrzeichen von Buenos Aires geworden.

Das Besondere: Sie ist beweglich. Jeden Morgen um acht Uhr öffnet sie sich in ihrem türkisfarbenen Wasserbecken, breitet ihre sechs Blüten aus und zeigt ihre Staubblätter. Abends schließt sie sich wieder. Ausnahmen sind der Frühlingsanfang, der Nationalfeiertag am 25. Mai sowie Heiligabend und Silvester – an diesen Tagen blüht sie auch in der Nacht.

An allen anderen Tagen leuchtet Floralis Genérica nachts im Inneren futuristisch rot und lila. Steven Spielbergs E.T. wäre bestimmt hineingeklettert, um nach Hause zu telefonieren. Wenn der Wind mit mehr als achtzig Kilometer pro Stunde bläst, schließt sich der 18 Tonnen schwere und 23 Meter hohe Koloss vernünftigerweise auch tagsüber automatisch.

Und trotzdem zerstörte ein Sturm die Hydraulik nur wenige Jahre nach ihrer Einweihung. Alle Reparaturversuche scheiterten, denn die Firma, die die Skulptur einst konstruiert hatte, war mitsamt den Plänen aus dem Land verschwunden. Und ihr Schöpfer konnte auch keine Auskunft mehr geben, denn er war inzwischen verstorben. Erst im Juni 2015 konnte sie wieder in voller Blüte erstrahlen, nachdem mehrere Unternehmen und die Technische Universität sie in sechsmonatiger Arbeit sezierten und reparieren konnten.

Nun ist sie wieder die Königin der Plaza de las Naciones Unidas. Bei Sonnenschein spiegeln sich in der Floralis Genérica nicht nur die spielenden Kinder und Mate trinkenden Pärchen auf der Wiese, sondern auch die Wolkenkratzer von Recoleta. Ihren richtigen Namen kennt kaum jemand. Er ist einfach zu sperrig. Gemeinhin wird sie daher einfach nur *la Flor* – die Blume – genannt.

Adresse Plaza de las Naciones Unidas, Av. Figueroa Alcorta u. Austria, Recoleta, CABA | **ÖPNV** Bus 17, 61, 62, 67, 92, 93, 110, 124, 130 | **Tipp** Östlich des Parks befindet sich das imposante Gebäude der Jurafakultät (Av. Figueroa Alcorta 2263). Wenn sie geöffnet ist, sollte man sich unbedingt die Eingangshalle ansehen, die den Spitznamen »Salon der verlorenen Schritte« trägt.

36 Das Fotografie-Café Simik

Im wahrsten Sinne Museumscafé

Das »Café Palacios« ist gemütlich, günstig und bietet eine kleine, aber feine Auswahl an schnellen Gerichten an. So weit, so langweilig. Diese Beschreibung passt auf Hunderte Lokale in Buenos Aires und hätte vierzig Jahre lang völlig ausgereicht, um die Eckkneipe unweit des Friedhofs von Chacarita gebührend zu charakterisieren. Hätte ihr Besitzer Alejandro Simik nicht während der Wirtschaftskrise im Jahr 2002 eine Beschäftigung gesucht, um den Gang zum Psychologen zu vermeiden, wie er selbst sagt. Er begann Fotokameras zu sammeln und machte aus seinem Café gleichzeitig einen Ausstellungsraum. Seitdem hat es sich zu einer außergewöhnlichen Perle der hiesigen Gastronomiewelt entwickelt – oder doch Museumswelt?

Museum und Café gehen hier fließend ineinander über: Unter die Glasplatten der Tische sind Minikollektionen eingelassen, sortiert nach Epoche oder Zubehörart wie zum Beispiel Filmrollen, Blitzgeräte oder Reinigungsutensilien. In den großen Vitrinen, die als Raumteiler fungieren, dokumentieren rund 2.000 Kameras die Entwicklung der Fotografie. Darunter finden sich auch Faltenbalg-Modelle, das älteste datiert auf das Jahr 1870. Darüber hinaus wird jeden ersten Mittwoch im Monat eine neue Fotoausstellung eröffnet. Damit ist das kleine *Palacio* zwar bis unter die Decke vollgepackt mit Kunst und Exponaten, doch das macht seinen besonderen Charme aus.

Längst ist das Café-Museum zum Hotspot der hiesigen Fotografieszene geworden. Nicht selten sitzen Hobbyknipser und Profifotograf gemeinsam mit ihren digitalen und analogen Apparaten bei Kaffee oder Wein und schwadronieren über neue Modelle und alte Entwicklungsmethoden. Immer wieder organisiert Simik Vorträge, und im Keller betreibt er ein Schwarz-Weiß-Labor, das allen offensteht. Jeden Dienstag spielt ab 20 Uhr eine Jazzband, noch eine Leidenschaft des Besitzers, die er in sein Café integrieren wollte.

Adresse Av. Federico Lacroze 3901, Chacarita, CABA | **ÖPNV** Subte B, Haltestelle Lacroze; Bus 19, 39, 42, 44, 47, 63, 65, 71, 76, 87, 93, 108, 111, 112, 123, 127, 140, 168, 176, 184 | **Öffnungszeiten** Mo–Sa 8–24 Uhr. Das Museum bietet außerdem günstige Einsteiger- und Fortgeschrittenen-Fotokurse an. Wer länger in der Stadt ist, sollte sich im Café oder auf Facebook informieren. | **Tipp** Zwischen dem Bahnhof Lacroze und dem Café »Simik« befinden sich auf der Av. Lacroze einige äußerst bodenständige Grill-restaurants. Hier findet man bestes Fleisch und leckere Würstchen, ohne viel Tamtam.

37_ Die Freiheitsstatue

Deutlich kleiner, deutlich weniger frei?

Die New Yorker Freiheitsstatue ist die vermutlich meist kopierte Statue der Welt. Allein in den USA soll es über fünfzig Repliken der römischen Göttin Libertas geben. Aber auch in Tokio, Paris und auf Kuba kann man sie finden. Doch diese, etwas versteckt zwischen Bäumen am Rande der Plaza Barrancas de Belgrano, ist eine wahre genetische Schwester der berühmten Freiheitsstatue auf Liberty Island in New York.

Sie wurde vom selben französischen Künstler Frédéric-Auguste Bartholdi erschaffen und am 3. Oktober 1886 eingeweiht, 25 Tage vor der in den USA. Damit ist sie sozusagen die Ältere, mit ihren vier Metern aber eher die Bonsai-Version der 46 Meter großen Schwester vor Manhattan. Auch farblich unterscheiden sich die beiden. Während die Große durch ihr oxidiertes Kupfergewand in Türkis-Grün über den Hudson River wacht, ist die Kleine am Río de la Plata schwarz, da sie aus Eisen gefertigt wurde.

Wer ihre Echtheit überprüfen will, muss genau hinsehen: An ihrem Sockel ist die Signatur des Bildhauers eingeschlagen, und »Fondu por Le Val D'Osne 68, 8 rue Voltaire, Paris« verweist auf die Gießerei, deren Werke sich im 19. Jahrhundert so großer Beliebtheit erfreuten, dass viele Städte dort eine Statue erwarben. Nur die USA bekamen ihre anlässlich des 100. Jahrestages der Unabhängigkeit vom französischen Volk geschenkt.

Vielleicht liegt es an ihrer Miniatur-Größe, warum die *Libertas porteña* einen eher niedrigen Bekanntheitsgrad erlangte. Man kann den Test machen und Menschen nach der *Estatua de la Libertad* fragen. Die wenigsten haben je von ihr gehört. Und wenn doch, dann haben sie meist einen eher spöttischen Kommentar parat. Etwa, dass Argentinien entsprechend der Größe der Statue auch deutlich weniger frei sei als die USA. Und wie Fotos beweisen, prangte lange Zeit ein Graffiti-Spruch zu ihren Füßen: »*La libertad no es estatua. Ella vuela.*« – »Die Freiheit ist keine Statue. Sie fliegt.«

Adresse Plaza Barrancas de Belgrano, La Pampa zwischen Virrey Vértiz und Arribeños, Belgrano, CABA | **ÖPNV** Subte D, Haltestelle José Hernández oder Juramento, oder Zug »Mitre« von Retiro, Haltestelle Belgrano C; Bus 15, 29, 42, 55, 60, 64, 118, 130 | **Tipp** Am nördlichen Ende der Plaza, direkt an der Station Belgrano C, beginnt das Barrio Chino (chinesische Viertel). Hier kann man erleben, dass es in Buenos Aires noch weitere Parallelen zu New York gibt.

38 Der Friedhof in Chacarita

Spaziergang durch die Stadt der Toten

Der Friedhof von Recoleta ist fraglos eine der beliebtesten Sehenswürdigkeiten von Buenos Aires. Täglich zieht er Hunderte Touristen an, die sich die 4.780 Mausoleen von wohlhabenden und berühmten Persönlichkeiten ansehen. Auf der einschlägigen Webseite eines touristischen Stimmungsbarometers im Internet rangierte der Publikumsmagnet Ende 2015 auf Platz 15 von 544 Aktivitäten in Buenos Aires.

Sehr viel weniger beachtet wird der »Cementerio de la Chacarita«. Dabei kann er mit einigen faszinierenden Sehenswürdigkeiten aufwarten. Aufgrund der schieren Ausdehnung dieser Totenstadt (95 Hektar, rund 135 Fußballfelder) ist es bereits ein Erlebnis, einfach nur hinüberzuschlendern. Die Mausoleen sind in Bezirke eingeteilt, und auf den nummerierten Straßen kann man sich mit dem Taxi direkt vor die gewünschte Gruft bringen lassen. Imposant sind auch die Pantheons verschiedener Organisationen, wie beispielsweise das der Spanischen Gesellschaft. Die Bundespolizei unterhält einen eigenen Abschnitt, und auch eine deutsche und britische Sektion kann man finden.

Nicht verpassen sollte man das Grab der Tangolegende Carlos Gardel (1890–1935) auf der Kreuzung 6/33. Fans stecken seiner Statue brennende Zigaretten in die Hand. Man sagt, das halte seinen Geist am Leben. Zu den weiteren berühmten Bewohnern gehören der ehemalige Präsident Juan Domingo Perón (1895–1974), Rockgitarrist Pappo (1950–2005, Ort 78) und Hans Langsdorff (1894–1939). Letzterer war der Kapitän des deutschen Panzerschiffs Graf Spee, das 1939 von der eigenen Besatzung vor Uruguay versenkt wurde. Aber das ist eine andere Geschichte.

Entstanden ist der Friedhof 1871 nach dem Ausbruch des Gelbfiebers, da der in Recoleta nicht mehr ausreichte. Es wurde sogar eine Bestattungs-Tram zum Transport der Särge aus dem Zentrum eingerichtet. Im touristischen Stimmungsbarometer belegt der Cementerio de la Chacarita als wohlgehütetes Geheimnis übrigens Platz 260.

Adresse Der Friedhof hat viele Eingänge, Haupteingang Av. Guzmán 680, Chacarita, CABA | **ÖPNV** Zug Linie »San Martín« aus Retiro und Palermo, Haltestelle La Paternal, oder Subte B, Haltestelle Lacroze; Bus 4, 42, 44, 47, 63, 65, 71, 78, 111, 123, 127 | **Öffnungszeiten** täglich 7.30 – 17 Uhr, Führungen auf Spanisch jeden 2. und 4. Sa im Monat um 10 Uhr (außer bei Regen) | **Tipp** Dem Haupteingang gegenüber befindet sich das traditionelle Pizza-Restaurant »Imperio« (Av. Lacroze, Ecke Av. Corrientes, So – Fr 5 – 24 Uhr, Sa rund um die Uhr). Es serviert die typischen argentinischen Pizzen mit dickem Boden und viel Käse.

39 Die Galería Bond Street

Punk, Tattoos und Avantgarde

In London beherbergt die Bond Street die elegantesten Modeläden, die teuersten Juweliere und die unerschwinglichsten Antiquitäten. Auf die gleichnamige Galerie in Buenos Aires passt diese Beschreibung jedoch schon lange nicht mehr. Im Jahr 1963 als modernste Einkaufsgalerie der Stadt gebaut, hatte sie – wie die Shoppingmeile in London – überwiegend die High Society im Blick. Heute ist sie eher der Gegenpol zu ihrer berühmten Namensgeberin aus dem Vereinigten Königreich.

Ausgelöst durch das ökonomische Desaster der Diktatur verschwanden in den 80er Jahren die teuren Boutiquen aus der Galerie. Stattdessen mieteten sich Künstlerinnen und Ausstatter von Subkulturen verschiedenster Couleur hier ein. Erst kamen die Punkklamotten und Heavy-Metal-CDs, dann die Alternativ-Designer und Skateboard-Läden. In den 90er Jahren gesellten sich die Tätowierer dazu. Nirgendwo im Land – wenn nicht in ganz Südamerika – konzentrieren sich heute so viele Tattooshops auf einem Fleck, wie in der Bond Street. Diego Maradona und auch die deutschen Punk-Großväter »Die Toten Hosen« frönten hier ihrem Körperkult.

Mit der neuen Zielgruppe änderte sich auch das Erscheinungsbild der Galerie. Die Rolltreppen wurden mit Graffiti besprüht, die Bronze-Geländer mit Stickern übersät und überall Metall-Skulpturen von lokalen Untergrund-Avantgardisten aufgestellt. So wurde die Bond Street nicht nur zur beliebtesten Shopping Mall der alternativen Szenen, sondern auch ein nicht angepasster Kunstraum mitten im Reichenviertel Recoleta.

Kurzum: Die Bond Street ist das Auffangbecken für Händler, die nicht ins normale Geschäftsleben der Stadt passen, und für Kids, die sich hier mit dem modischen und musikalischen Zubehör ihrer Gesellschaftskritik eindecken. Unter die wahren Revoluzzer mischen sich heute auch viele Mode-Punks. So bewegt sich die Bond Street irgendwo zwischen »Hello Kitty« und Heavy Metal.

Adresse Av. Santa Fe 1670, Recoleta, CABA | **ÖPNV** Subte D, Haltestelle Callao; Bus 12, 29, 37, 39, 60, 106, 109, 111, 140, 142, 150, 151, 152 | **Öffnungszeiten** Mo–Sa 9–21 Uhr | **Tipp** Drei *cuadras* Richtung Osten befindet sich mit der »5ta Avenida« eine weitere Galerie, die aus dem Rahmen fällt. Hier gibt es vor allem Vintage- und Secondhandläden (Av. Santa Fe 1270, Mo–Sa 8–20 Uhr).

40_ Der Galpón Orgánico
Soli-Markt statt Supermarkt

Am Ende einer Pflastersteinstraße, entlang der Gleise des Bahnhofs Lacroze, steht, eingerahmt von verrosteten und verlassenen Eisenbahnwaggons, »Der Schuppen«. »El Galpón« ist ein kooperativer und solidarischer Bauernmarkt. Zweimal die Woche kommen Produzenten aus der Provinz Buenos Aires hierher und verkaufen an 18 Ständen Produkte aus biologischer und regionaler Herstellung: Wein, Käse, Wurst, Honig, Saft und vegane Schokolade – aber auch Kosmetik, Wasserfilter und recycelte Papiertüten aus einer Therapieeinrichtung. Im Galpón findet man alles, was das Leben gesünder macht, die Umwelt schont und der Ökonomie ein solidarisches Fundament verpasst.

Ein kleines Restaurant bietet Speisen an, die aus den Produkten des Marktes hergestellt werden. Wer nicht weiß, was man mit Quinoa oder Amaranth in der Küche anfangen soll, kann sich hier inspirieren lassen. Samstags wird gegrillt, neben Biofleisch natürlich auch Gemüse.

Biologische, vegetarische und vegane Ernährung sind inzwischen auch in der Fleischnation en vogue. Vor zehn Jahren, als der Verein »Asociación Mutual Sentimiento« den Markt gründete, war das noch anders. Die Asociación sieht ihre Wurzeln in der solidarischen Ökonomie und legt Wert darauf, dass El Galpón kein Supermarkt ist, in dem man nur anonym konsumiert. Es soll ein Austausch zwischen den Großstädtern und den Produzenten stattfinden, der Produktionswege und -bedingungen offenlegt und faire Preise festlegt. »Dem Essen die Maske abnehmen«, nennt das Federico, der Koordinator des Marktes.

So überrascht es nicht, dass dieser alte Eisenbahnschuppen auch einer der solidarischen Tauschplätze in der Wirtschaftskrise 2001 war. Als die Menschen kein Bargeld mehr von der Bank bekamen, waren sie auf Tauschhandel angewiesen. In dieser Form ist das heute nicht mehr nötig, aber auf Gegenseitigkeit beruht das Konzept des Schuppens nach wie vor.

Adresse Av. Federico Lacroze 4171 (die Pflasterstraße entlang nach 200 Metern), Chacarita, CABA | **ÖPNV** Zug Linie »Urquiza«, Haltestelle Lacroze, Subte B, Haltestelle Lacroze; Bus 42, 44, 47, 63, 65, 71, 111, 123, 127 | **Öffnungszeiten** Mi und Sa 9–18 Uhr | **Tipp** Nicht zu verfehlen ist der große Friedhof Chacarita (Ort 38) gegenüber der Zugstation Lacroze, ihm sollte man vorher unbedingt einen Besuch abstatten!

41 Das Gautier-Teleskop
Zurückgelassenes Juwel aus dem Jahr 1882

Unter der Kuppel des Observatoriums der »Asociación Argentina Amigos de la Astronomía« (AAAA) befindet sich ein Schmuckstück für Sternengucker. Das Teleskop aus dem französischen Hause Gautier wurde 1882 konstruiert. Eine Delegation des altehrwürdigen Pariser Observatoriums wollte mit dem Fernrohr den Venustransit von Argentinien aus beobachten. Das äußerst seltene Phänomen, bei dem die Venus an der Sonne vorbeizieht, tritt in 243 Jahren nur viermal auf. Im Jahr 1882 sollte es besonders von der Südhalbkugel aus gut sichtbar sein. Nach monatelanger Vorbereitung endete der besagte 6. Dezember 1882 jedoch mit einer Enttäuschung: Der Himmel war bewölkt. Die Delegation musste ohne neue Erkenntnisse wieder abreisen und ließ ihre Ausrüstung in Argentinien zurück. In Frankreich hätte sie damit ohnehin nichts anfangen können, da das Teleskop nicht verstellbar ist und nur auf den Längengraden in Argentinien die Planeten scharf stellen kann. Für die argentinische Astronomie war es ein Glücksfall und der Startschuss für eine eigene Sternwarte an der Universität von La Plata.

Als sich diese nationale Kaderschmiede für Astronome modernisierte, schenkte sie 1944 der AAAA in Buenos Aires das alte Gautier. Die hatte damals gerade ihr Observatorium im Parque Centenario eingeweiht. Dort ist es seither mit einer 220-Millimeter-Blende und 3.300 Millimeter Brennweite das Herzstück der Beobachtungsstation. Lediglich das hölzerne Rohr musste ausgetauscht werden, da es sich verzogen hatte. Alles andere, die Montierung, Optik und das Uhrwerk, sind original und noch voll funktionstüchtig. Bei Führungen dürfen Besucher damit in die Sterne gucken. Und mit einem weiteren Teleskop der Firma Carl Zeiss aus dem Jahr 1912 besitzen die Freunde der Astronomie noch ein weiteres Juwel.

Sollten Sie also zufällig in der Stadt sein: Der nächste Venustransit wird sich am 11. Dezember 2117 ereignen.

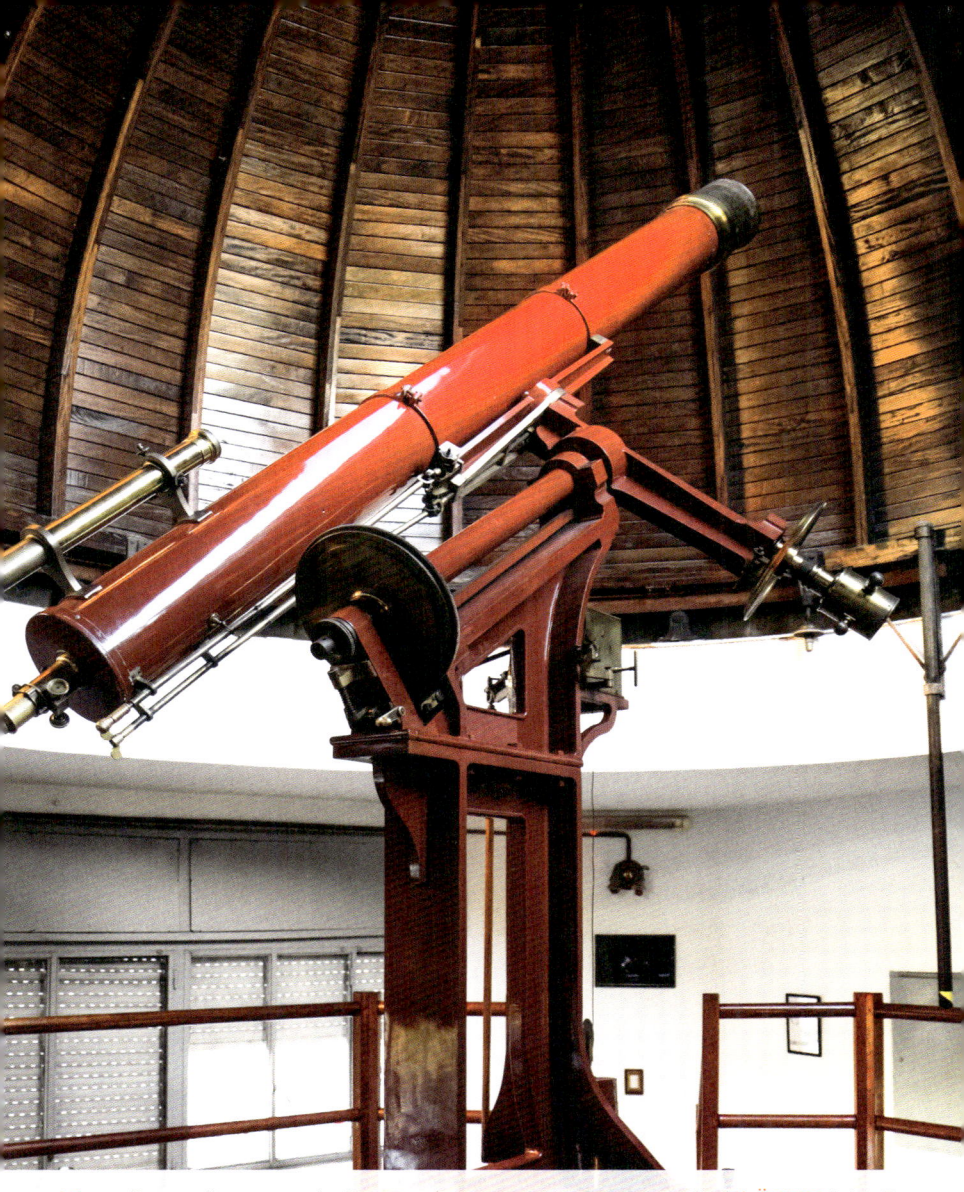

Adresse Parque Centenario, Av. Patricias Argentinas 550, Caballito, CABA | **ÖPNV** Subte B, Haltestelle Ángel Gallardo; Bus 15, 24, 36, 42, 55, 57, 65, 71, 76, 92, 99, 105, 106, 109, 110, 112, 124, 127, 135, 141, 146 | **Öffnungszeiten** Mo–Sa 19–23 Uhr. Führungen mit Blick durchs Teleskop jeden Fr und Sa ab Einbruch der Dunkelheit (außer an bewölkten Tagen). Genaue Uhrzeiten erfragen: Tel. 011/48633366 oder info@amigosdelaastronomia.org. Bei besonderen astronomischen Phänomenen finden Sonderveranstaltungen statt. | **Tipp** Im Parque Centenario befindet sich auch das Naturkundemuseum mit Dinosaurierskeletten aus Patagonien sowie seltenen Meteoriten-Exponaten.

42 Die Gedenkstätte Cromañón

Schuhe und Graffiti in Erinnerung an 194 Opfer

Dieser Ort ist Gedenk- und Proteststätte zugleich. Direkt hinter dem Bahnhof Once erinnern Graffiti, Steckbriefe und Blumen an die Opfer eines schweren Brandes in der Nacht vom 30. Dezember 2004 in der Diskothek »República Cromañón«. Bei einem Konzert der Rockband Callejeros entzündete jemand im Publikum eine bengalische Fackel – bis dato nichts Ungewöhnliches auf euphorisch gefeierten Konzerten. Doch nach kurzer Zeit fing die Deckenverkleidung Feuer, das Licht fiel aus, und die Besucher gerieten in Panik. Fast 200 Menschen starben an den giftigen Dämpfen oder an Zerquetschungen. Da Silvester vor der Tür stand, das traditionell mit der Familie gefeiert wird, waren viele Opfer miteinander verwandt.

Die Tragödie hatte weitreichende politische und gesellschaftliche Konsequenzen. Der Bürgermeister von Buenos Aires wurde suspendiert. Ihm wurde Korruption bei der Lizenz-Vergabe an den Disco-Betreiber vorgeworfen. Dieser wiederum wurde 2009 zu zwanzig Jahren Haft verurteilt, da sich 3.200 Besucher in dem Lokal befanden, das nur für 1.200 Menschen zugelassen war. Zudem waren die meisten Ausgänge verschlossen. Auch die Bandmitglieder wurden als Mitorganisatoren der fahrlässigen Tötung angeklagt, jedoch freigesprochen. Außerdem verschärfte die Regierung die Sicherheitsgesetze für Bars und Clubs massiv, was zahlreiche Schließungen zur Folge hatte. In Argentinien sprach man landläufig vom »Cromañón-Effekt«.

Hier, nur einen Block vom Unglücksort entfernt, verleihen die Angehörigen der Opfer ihrer Trauer und ihrer Wut bis heute Ausdruck: »Schluss mit der Straflosigkeit« und »Nie wieder Cromañón!« steht zum Beispiel an den Wänden. Zum Symbol von Cromañón wurden die aus der Ruine geborgenen Schuhe der Opfer. Zum zehnten Jahrestag wurde der Abschnitt vor der Disco zur Fußgängerzone umgebaut und die Gedenkstätte offiziell anerkannt.

Adresse Plaza Miserere, Ecke Bartolomé Mitre u. Ecuador, Balvanera, CABA. Die Ruine der Disco: Bartolomé Mitre 3070. **| ÖPNV** Subte H, Haltestelle Once, Subte A, Haltestelle Plaza Miserere; Bus 5, 7, 8, 19, 31, 32, 41, 61, 62, 64, 71, 75, 86, 88, 98, 101, 104, 105, 115, 118, 129, 132, 151, 165, 168, 188, 194 **| Tipp** Auf der anderen Seite der Gleise befindet sich das KONEX (Sarmiento 3131), ein Kulturzentrum auf einem alten Fabrikgelände. Hier spielt jeden Montag um 19 Uhr die »Bomba de Tiempo«, eine riesige Percussionband, bei der man garantiert nicht still stehen bleibt!

43 Das Geheimnis

Wenn Marmor lebendig wird

Der kleine Eros streckt sich auf Zehenspitzen zu seiner Mutter Aphrodite hinauf. Über ihrem Knie liegt ein luftig geschwungenes Tuch. Sie beugt sich behutsam nach unten, lächelt und blickt aufmerksam zur Seite, während Eros ihr ein Geheimnis ins Ohr flüstert. Die Lebendigkeit, die der deutsche Bildhauer Gustav Eberlein (1847–1926) seiner Skulptur »El Secreto« eingehaucht hat, ist wahrlich beeindruckend. Man kann das Geheimnis, das hier verraten wird, förmlich knistern hören.

Eberlein fertigte das Arrangement 1891 aus wertvollem Carrara-Marmor an. Heute steht es in der »Galería de los Bustos«, einem Foyer des »Teatro Colón«, zu Füßen der Büsten berühmter Komponisten. In dem immer noch bedeutendsten Opernhaus Lateinamerikas wird nichts dem Zufall überlassen. So munkelt man, die griechischen Liebesgottheiten stünden hier, um die Herzen der Logengäste zu entzücken, die in dem Foyer ihre Drinks einnehmen und über Musik philosophieren. Das ein oder andere Paar soll bereits durch die bestechende Aura des beseelten Marmors zueinandergefunden haben.

Vermutlich haben sie sich beim Flirten darüber unterhalten, was Eros Aphrodite wohl zuflüstert. Vielleicht ein paar Geheimnisse der regelmäßigen Besucher? Oder solche über das Colón selbst? Zum Beispiel dass es bis 1888 an der Plaza de Mayo stand und für die Restaurants der Stadt das gesamte Jahr über bis zu 1.000 Tonnen Eis im Keller lagerte. Oder dass der Haupteingang des neuen Gebäudes auf der Plaza Lavalle liegt und nicht auf der Prachtstraße 9 de Julio, denn die gab es bei seiner Eröffnung 1908 noch nicht. Und dass es ab 2006 wegen Renovierungsarbeiten für vier Jahre geschlossen war und wegen Geldmangel nicht wie geplant zum hundertjährigen Jubiläum des Hauses, sondern erst zur 200-Jahr-Feier der Unabhängigkeit wieder eröffnet werden konnte. Ja, ja – man möchte Eros' Geheimnis zu gerne erfahren.

Adresse Teatro Colón, Tucumán 1171, San Nicolás, CABA | ÖPNV Subte B, Haltestelle Carlos Pellegrini, Subte C, Haltestelle Lavalle, Subte D, Haltestelle Tribunales; Bus 5, 7, 9, 10, 17, 23, 29, 39, 45, 59, 60, 67, 70, 75, 99, 100, 102, 106, 109, 111, 115, 140 | Öffnungs-zeiten Führungen täglich 9–17 Uhr, alle 15 Minuten (außer 01.05., 24./25./31.12. und 01.01. sowie während Aufführungen) | Tipp Das Gebäude »Mirador Massue« an der Ecke Tucumán und Talcahuano ist aus dem 20. Jahrhundert. Im Jahr 1989 wurden große Teile umgebaut und verglast. Nur der Eckturm ist noch original und ein Kontrast zu dem modernen Neubau.

44_ Guido's Bar

Hier wird gegessen, was auf den Tisch kommt!

Das Konzept dieses italienischen Restaurants ist einfach und genial: Es gibt keine Speisekarte. Die einzige Auswahl, die man treffen darf, lautet: *tinto o blanco* – Rot- oder Weißwein. Was auf den Tisch kommt, entscheiden die Kellner. Klingt dreist? Wenn Besitzer Carlos Soto seine Philosophie erklärt, fragt man sich, warum es nicht alle so machen. Im Restaurant will man in Gesellschaft gut essen. Doch in der Realität werden einem im hungrigen Zustand zunächst Weißbrot und Mayonnaise serviert. Daraufhin bricht die Unterhaltung ab, weil alle ihren Hunger mit Brot stillen und auf die Karte starren. Dabei achten die meisten nicht nur auf die angebotenen Speisen, sondern auch auf den Preis.

In Guido's Bar ist das anders: Kaum hat man sich gesetzt, stehen vorzügliche Antipasti auf dem Tisch. Keine Minute später sind die Gläser gefüllt, das gute Gespräch vertieft sich. Nach und nach bekommt man eine Auswahl an köstlichem Risotto, Pasta und Pizza serviert, darunter viele vegetarische Varianten. Wer zum Nachbartisch schielt, sieht ein vollkommen anderes Menü. Getränke, Nachtisch und Espresso sind inklusive. Das Konzept funktioniert, nicht zuletzt, weil das Essen außerordentlich gut ist.

Carlos hat als junger Mann in Italien kochen gelernt und betreibt dieses neben dem Zoo gelegene Lokal in Palermo seit 35 Jahren. Anfangs war es eher eine Kaschemme, woran die wilde Dekorationsmischung aus Italienpostern, Fußballtrikots und Kamasutra-Kalendern noch lebhaft erinnert. Doch dann wandelte sich das Viertel, und immer mehr teure Hochhäuser wurden gebaut. Sein Restaurant ist das letzte einstöckige Haus im *barrio*. Mit der neuen gehobenen Kundschaft hob Carlos auch die Preise an. Wer zufällig hier landet und sich auf die Beschreibung »Snack Bar« im Internet verlassen hat, erschrickt wahrscheinlich, wenn die Rechnung kommt. Wer weiß, was auf ihn zukommt, für den ist »Guido's Bar« einfach nur Kult.

Adresse República de la India 2843, Palermo, CABA | **ÖPNV** Subte D, Haltestelle Plaza Italia; Bus 10, 37, 41, 59, 60, 64, 93, 95, 108, 110, 118, 128, 160, 188 | **Öffnungszeiten** Mo–Sa 8 bis mindestens 24 Uhr | **Hinweis** Ende 2015 kostete das Menü inkl. Wein 30 Euro pro Person. | **Tipp** Um die Ecke betreibt Carlos' Sohn Guido – Namensgeber des Lokals – ein Disco-Restaurant. Wir empfehlen, den Abend dort bei Cocktail oder *cerveza artesanal* ausklingen zu lassen (Av. Cerviño 3943, Di–Sa ab 19 Uhr, So ab 13 Uhr).

45 Der Gutshof Pueyrredón
Übersehenes Kleinod der Geschichte

Als im Jahr 1830 die »Chacra Pueyrredón« gebaut wurde, hatte Buenos Aires gerade einmal 60.000 Einwohner. Hier draußen, weitab vom Zentrum, betrieben Großgrundbesitzer ausgedehnte Gutshöfe. Nur wenige dieser chacras haben den Lauf der Geschichte überlebt. Längst wurden die Grundstücke mit Beton zugekleistert.

Es ist surreal: Mitten in Villa Ballester, einem typischen Vorort mit Wolkenkratzern und Fußgängerzone, stößt man auf diese gut erhaltene Chacra Pueyrredón. Außer für wenige Schulklassen ist sie unsichtbar auf der touristischen Landkarte von Buenos Aires. Jammerschade, denn das Haus im Kolonialstil mit Taubenschlag und Pferdestall veranschaulicht eindrucksvoll das Landleben des 19. Jahrhunderts.

Obendrein ist sie ein wichtiger Schauplatz der Geschichte: Als 1806 die Engländer in Buenos Aires einfielen (Orte 25 und 64), konnten sie hier in der Schlacht von Predriel einen ihrer wenigen Erfolge feiern. Später, im Jahr 1834, kam hier José Hernandez zur Welt. Der Journalist war ein begnadeter Analytiker seiner Zeit. Niemand verlässt in Argentinien die Schule, ohne seinen 1872 geschriebenen Epos »El Gaucho Martín Fierro« zu lesen, ein Plädoyer gegen die Oligarchie der Großgrundbesitzer und für eine sozial gerechte Welt. Was für Deutschland Goethes »Faust« ist, ist für Argentinien Martín Fierro.

Übrigens ist der Namensgeber dieser *chacra* nicht der berühmte General Pueyrredón, sondern das Ehepaar Victoria und Mariano, das hier lebte. Sie stammen jedoch alle von dem gleichen französischen Kaufmann ab, der 1764 an den Río de la Plata kam. Bis heute bringt es dieser auf 18.000 Nachfahren. Im Jahr 2000 kam es zum wohl größten Familientreffen aller Zeiten: 2.000 Pueyrredóns trafen sich in Pilar. Die letzte der Familie, die in dieser *chacra* lebte, übergab sie 1959 an die Provinz Buenos Aires, die hier José Hernandez ein Museum widmete.

Adresse Presbítero Carballo 5042, Villa Ballester, General San Martín, Provincia | **ÖPNV** Zug Linie »Mitre« Richtung Suárez, Haltestelle San Martín, weiter mit Bus 169, 176, 310 oder 670, Ausstieg Ruta 8, Ecke General Roca (gegenüber der YPF-Tankstelle), an der Polizeistation vorbei, zwei *cuadras*. Alternativ: ab Haltestelle Lacroze (Subte B) mit Bus 176 oder ab Haltestelle Congreso de Tucumán (Subte D) mit Bus 169 | **Öffnungszeiten** Mo–Fr 9–16 Uhr | **Tipp** Etwa zwanzig *cuadras* von hier steht im Zentrum von Villa Ballester eine neogotische Kirche. Am besten im Museum darum bitten, ein Taxi zu rufen. Zurück nach *capital* kommt man von dort mit dem Zug Linie »Mitre« ab der Station Ballester.

46   Das Haus von Sabato

In den Privatgemächern eines großen Künstlers

Insider wussten schon zu Lebzeiten um die besondere Magie des Sabato-Hauses, in dem alle Bücher des Cervantes-Preisträgers entstanden sind. Die Familie kaufte es 1945 von einem Kino-Pionier, der es 1927 ohne architektonisches Wissen, aber mit viel Kreativität gebaut hatte. Immer wieder versuchten Fans einen Blick über den Zaun auf Sabato zu werfen. Nun, nach seinem Tod, kann die »Casa de Ernesto Sabato« von innen besichtigt werden.

Sabato begleitete Argentinien durch das 20. Jahrhundert, bevor er kurz vor seinem 100. Geburtstag am 30. April 2011 hier starb. Der Physiker hängte die Wissenschaft 1945 an den Nagel und widmete sich ganz dem Schreiben. Mit dem Roman »El Túnel« wurde er 1948 international bekannt. Auf Bitten von Präsident Alfonsin saß er der Kommission zur Aufarbeitung der Verbrechen der letzten Militärjunta in Argentinien vor. Unter seiner Leitung entstand der weltberühmte Bericht »*Nunca más*« (Nie wieder). Bis zu seinem Tod meldete sich Sabato immer wieder politisch zu Wort.

In seinem Haus führt der Künstler nun selbst durch Bibliothek, Arbeitszimmer und Atelier. Wie das? Sohn Mario, professioneller Filmer, hat seinen Vater über Jahre hinweg aufgezeichnet. Kleine Sequenzen in jedem Raum geben Einblicke in die charmante Art des Literaten. Und so darf Sabato auch selbst seinen Ordnungsfanatismus erklären, der hier äußerst sorgfältig bewahrt wird: Jedes einzelne der 7.000 Bücher steht genau dort, wo er es eingeordnet hat.

Dass hier alles genau so bleibt wie zu seinen Lebzeiten, ist den Nachkommen ein Anliegen. Sie selbst haben das Haus wieder rausgeputzt und 2014 als »lebendes Museum« eröffnet. Die Führungen leiten seine Enkelkinder.

Besonders stolz sind sie auf Ernestos malerisches Vermächtnis. Seine Bilder wurden nur zweimal ausgestellt, einmal davon im renommierten Centre Pompidou in Paris. Genau diese Werke stehen heute wieder hier im Atelier.

Adresse Saverio Langeri 3135, Santos Lugares, Provincia | **ÖPNV** Zug Linie »San Martín« aus Retiro, Haltestelle Santos Lugares; Bus 105 | **Öffnungszeiten** Sa 13–19 Uhr, kostenlose Führungen durch seine Enkel, jede Stunde. Aktuelle Informationen auf der Facebook-Seite des Hauses | **Tipp** Wer sich schon mal in diesem Teil der Stadt aufhält, sollte den Tag im »Café de García« (Ort 12), zwei Station von Santos Lugares mit dem Zug Richtung Retiro (Devoto), ausklingen lassen.

47 Das Haus von Luca Prodan

Erinnerung an den Helden des Rock Nacional

Jimi Hendrix, Kurt Cobain oder Sid Vicious – Namen, die für außergewöhnliche Musiker und frühe Drogentode stehen. In Argentinien wird diese Liste von einer eigenen tragischen Figur angeführt: Luca Prodan. In weniger als einem Jahrzehnt wurde der 1953 in Rom geborene Musiker zum gefeierten Idol der argentinischen Rockszene. Er war eine Mischung aus chaotischem Gentleman und gebildetem Punk, dessen Stimme bis heute einer ganzen Generation Gänsehaut beschert.

Hier, an seinem letzten Wohnort, verleiht diese Generation ihrer Anerkennung Ausdruck. Liedzeilen oder »Luca not dead«-Sprüche werden vorzugsweise mit Tipp-Ex auf die alten Holztüren des Arbeiterhauses aus dem Jahr 1744 geschrieben. Es ist zum Gedenkort für den Künstler geworden, der in den 1970er Jahren die Entstehung des Punkrock in London miterlebte und dem Heroinkonsum verfiel. Um sich von den Drogen zu erholen, kam er nach Argentinien, wo er die Band »Sumo« gründete und 1981 sein erstes Konzert in Buenos Aires gab. Ihre englischen Liedtexte waren der Militärregierung, die sich mit Großbritannien im Falkland-/Malwinen-Krieg befand, ein Dorn im Auge. Als mit dem verlorenen Krieg auch die Militärs untergingen, lieferte Sumo den Soundtrack zur sich ausbreitenden kulturellen Revolution der Postdiktaturzeit. Doch erholen sollte sich Luca in Buenos Aires nicht. Sichtlich angeschlagenen gab er am 20. Dezember 1987 sein letztes Konzert. Zwei Tage später, mit nur 34 Jahren, starb er zu Hause an einem Kreislaufstillstand, ausgelöst durch eine Leberzirrhose. Zwanzig Jahre später eröffneten Fans dort das Kulturzentrum »La Casa de Luca«.

Auf die Frage, ob sich Sumo jemals auflösen könnten, soll Luca einmal geantwortet haben: »*¿Sumo dividos? ¡Las pelotas!*«, was so viel heißt wie: »Sumo getrennt? Nie im Leben!«. Nach seinem Tod zerstritten sich die übrigen Mitglieder und gründeten zwei neue Bands: »Divididos« und »Las Pelotas«.

Adresse Adolofo Alsina 451, Monserrat, CABA | **ÖPNV** Subte A, Haltestelle Plaza de Mayo, Subte E, Haltestelle Bolívar; Bus 2, 8, 22, 24, 28, 29, 56, 64, 86, 91, 103, 105, 111, 126, 143 | **Öffnungszeiten** Die in unregelmäßigen Abständen stattfindenden Partys in »La Casa de Luca Prodan« werden auf Facebook angekündigt und beginnen meist erst nach Mitternacht. | **Tipp** Nur zwölf *cuadras* entfernt, an der Ecke Chacabuco und San Juan in San Telmo, gibt es die Eisdiele »Sumo«. Sie ist dekoriert mit Fotos der Band.

48_ Der Herrensalon La Época

Ein lebendiges und kulturelles Friseurmuseum

Ein Friseurbesuch bei »La Época« gleicht einer Zeitreise. In einer Seitenstraße des bodenständigen Barrios Caballito trifft man auf diesen kuriosen Herrensalon, der zugleich Café, Museum und Kulturzentrum ist. Der Meister, Miguel Ángel Barnes, gehört zeit seines Lebens zum Inventar des Gebäudes. Hier ist er geboren und aufgewachsen. In dem Abschnitt, in dem heute frisiert wird, betrieb er den kleinen Obst- und Gemüseladen seiner Mutter.

Als er 1998 den Barbiersalon eröffnete, sollte es kein gewöhnlicher werden. Sieben Jahre lang sammelte er antike Gegenstände und machte sie wieder funktionstüchtig: Das alte Telefon, das Klavier aus dem Jahr 1907 und all die Relikte des Frieurhandwerks aus vergangenen Zeiten machen seinen Laden zu einem Kleinod. Auch das Outfit der hier tätigen Barbiere stammt aus einer anderen Epoche. In La Época findet man die Ursprünge der Herrensalons des 19. und 20. Jahrhunderts. Die Dienstleistungen sind lediglich für Männer bestimmt. Frauen sind herzlich willkommen – als Begleitung. Um ihnen einen angenehmen Zeitvertreib zu schaffen, hat Miguel ein Café eingerichtet, das vom Salon lediglich durch eine Glasscheibe getrennt ist. Hier trifft ein gemütliches Ambiente, geprägt von Glasvitrinen voller traditioneller Barbierutensilien, auf vorzüglichen Kaffee und Kuchen. Als lebendes Museum macht der gut besuchte Salon seinem Namen alle Ehre und wurde sogar als weltweit einzigartig von der National Geographic Society ausgezeichnet.

Nach Feierabend finden regelmäßig Veranstaltungen im Salon statt. Neben Vorträgen zur Barbiergeschichte stehen Jazz und Tango auf dem Programm. Auch Theatergruppen nutzen den Laden als Kulisse. Diese Mischung aus Museum, Kultur und Herzlichkeit in den engen Räumen scheinen Miguels Erfolgsrezept zu sein. Die Stammkunden reisen aus der ganzen Stadt an – und sei es nur auf einen Kaffeeplausch.

Adresse Guayaquil 877, Caballito, CABA | **ÖPNV** Subte A, Haltestelle Primera Junta; Bus 2, 5, 25, 36, 42, 49, 52, 53, 55, 84, 85, 86, 88, 96, 104, 105, 132, 135, 136, 141, 153, 163, 172, 180, 181 | **Öffnungszeiten** Di – Sa 9 – 14 Uhr und 16 – 20.30 Uhr, Veranstaltungstermine auf Facebook | **Tipp** Geht man von hier auf der Av. del Barco Centenera drei *cuadras* gen Süden, beginnt das kleine Barrio Inglés, das um 1923 für britische Eisenbahnmitarbeiter im angelsächsischen Stil erbaut wurde.

49 — Die historische Tram
Nächster Halt: Caballito

Die Straßenbahnepoche von Buenos Aires hat einige Spuren im Stadtgebiet hinterlassen. Überall tauchen zwischen Kopfsteinpflaster oder Asphalt noch Gleise der einst so wichtigen *tranvía* auf. Ebenso in Caballito, wo dieser Epoche jedes Wochenende wieder Leben eingehaucht wird. Mit dem »Tramway Histórico« kann man sich dort auf eine zwei Kilometer lange nostalgische Rundfahrt begeben. Seit 1980 betreibt der Verein »Freunde der Straßenbahn« den Fuhrpark mit antiken Wägen aus unterschiedlichen Jahrzehnten.

Hundert Jahre lang war die Straßenbahn das wichtigste Verkehrsmittel in der Hafenmetropole. Der erste Waggon wurde ab 1863 von Pferden gezogen und verband den Bahnhof Retiro mit der Plaza de Mayo. Ab 1897 wurden die Pferdestärken erst durch Dampf, dann durch Elektrizität ersetzt. Zu den Hochzeiten Mitte der 20er Jahre fuhren 99 Linien mit 3.000 Wägen auf 875 Kilometer Straßenbahnnetz. Ab 1913 kam mit der Linie A auch die erste U-Bahn der südlichen Hemisphäre hinzu. Die originalen Waggons mit Holzbänken waren bis 2013 im Einsatz. Der letzten oberirdischen Bahn wurde 1963 der Saft abgedreht. Die Privatisierung hielt Einzug, und die Tram musste den vergleichsweise günstigeren Omnibussen aus Deutschland, England und Brasilien weichen.

Dank der »Amigos del Tranvía« verschwanden jedoch nicht alle Fahrzeuge. Der Verein rettete einige Schmuckstücke ins neue Zeitalter hinüber und machte sie wieder fahrtüchtig. Das älteste Modell stammt aus dem Jahr 1927. Zu den Wochenend-Spritztouren gehören stets der entsprechend gekleidete Chauffeur und ein Schaffner. Bevor die Bahn ins Rollen kommt, erhalten die Passagiere einen authentischen Fahrschein im Stil von anno dazumal.

Als Zubringer für die Subte E zuckelt seit 1987 wieder eine in Argentinien gebaute Straßenbahn, die Pre-Metro, durch die *barrios* am Stadtrand. Mit dem Glanz des Tramway Histórico kann die jedoch nicht mithalten.

Adresse Emilio Mitre, Ecke José Bonifacio, Caballito, CABA, Haltestelle an der Straßenecke gegenüber dem Betriebsgelände | **ÖPNV** Zug Linie »Sarmiento« aus Once, Haltestelle Caballito, von dort 600 Meter zu Fuß, oder Subte A, Haltestelle Primera Junta, Subte E, Haltestelle Emilio Mitre; Bus 1, 2, 5, 8, 25, 26, 36, 49, 53, 55, 85, 86, 96, 103, 104, 126, 132, 134, 136, 141, 153, 155, 163, 180 | **Öffnungszeiten** kostenlose Rundfahrten Sa, So und feiertags, März–Nov. 16–19.30 Uhr, Dez.–Feb. 17–20.30 Uhr sowie ganzjährig So 10–13.30 Uhr, alle 25 Minuten | **Tipp** Die Zeitreise kann passend mit einem Kaffee im rund 600 Meter entfernten Kaffee-Friseur »La Época« abgerundet werden (Ort 48).

50 Das Holocaust-Denkmal

Das erste in einer christlichen Kirche

Als die Vitrine 1997 in der Kathedrale von Buenos Aires eingeweiht wurde, war sie weltweit das erste Holocaust-Denkmal im Inneren einer christlichen Kirche. Sie hängt im Altarraum der Jungfrau von Luján im Hauptschiff der »Catedral Metropolitana« an der zentralen Plaza de Mayo. Hinter einer Glasscheibe sind Fragmente hebräischer Gebet- und Liederbücher angebracht, die aus europäischen Konzentrationslagern und Gettos stammen. Hinzu kommen Schriftstücke aus den in den 1990er Jahren durch tödliche Bombenanschläge zerstörten Gebäuden der israelischen Botschaft und des jüdischen Kulturzentrums AMIA (siehe Ort 94) in Buenos Aires. In den Rahmen sind jüdische Symbole wie der Davidsstern und die Menora eingearbeitet.

Die Idee zu diesem Denkmal hatte der argentinisch-jüdische Aktivist Baruch Tenembaum. Seit Jahrzehnten setzt sich der über Achtzigjährige für den interreligiösen Dialog ein. 1995 arrangierte er ein Treffen zwischen Papst Johannes Paul II. und Emilie Schindler. Die Witwe des berühmten Oskar Schindler, der Hunderten Jüdinnen und Juden das Leben rettete, war nach dem Krieg mit ihrem Mann nach Südamerika geflohen. Emilie lebte bis kurz vor ihrem Tod 2001 in Buenos Aires, wo sie Tenembaum traf. Im Jahr 2009 wurde Tenembaum sogar für den Friedensnobelpreis nominiert, den aber schließlich Barack Obama erhielt.

Das Schoah-Denkmal im wichtigsten katholischen Gotteshaus des Landes hatte eine bedeutende Wirkung auf das Verhältnis von argentinischen Christen und Juden. Im Jahr 2014 wurde hier eine Gedenkfeier für den 1998 verstorbenen Kardinal Quarracino veranstaltet, der das Denkmal eingeweiht hatte. Während der Zeremonie sprach ein Rabbi das jüdische Kaddisch-Gebet für den Kardinal auf Hebräisch. Auch das hatte es bis dato noch nie gegeben. Im selben Jahr installierte die evangelische Vaterunser-Kirche in Berlin eine Replik des Denkmals in Anwesenheit von Tenembaum.

Adresse Av. Rivadavia und San Martín, San Nicolás, CABA | **ÖPNV** Subte A, Haltestelle Plaza de Mayo, Subte D, Haltestelle Catedral, Subte E, Haltestelle Bolívar; Bus 2, 8, 20, 22, 24, 28, 29, 56, 64, 86, 91, 93, 103, 105, 111, 126, 143, 152, 159 | **Öffnungszeiten** Mo–Fr 7.30–18.45 Uhr, Sa, So 7–19 Uhr | **Tipp** Schräg gegenüber befindet sich der Cabildo, der offizielle Regierungssitz des spanischen Vizekönigreichs. Heute befindet sich darin ein Museum über die Mairevolution.

51 Das Hotel B.A.U.E.N.
Schlafend soziale Kämpfe unterstützen

Auf dem Höhepunkt der Militärdiktatur entstand das Hotel »BAUEN« 1978 im Kontext der Fußball-WM in Argentinien. Der Unternehmer Marcelo Iurcovich bekam fünf Millionen Dollar vom Staat geliehen, um das 20-stöckige Gebäude mit 222 Zimmern zu bauen. Die Schulden zahlte er nie zurück; stattdessen hinterzog er Steuern und machte Millionengewinne. In den 90er Jahren, als immer mehr internationale Hotelketten ins Land drängten, kam das BAUEN wirtschaftlich ins Straucheln. 1997 verkaufte es Iurcovich an eine chilenische Firma. Doch am 28. Dezember 2001 ging das Hotel endgültig pleite, und die verbliebenen achtzig Angestellten landeten auf der Straße – mitten in der schlimmsten Wirtschaftskrise des Landes. Die Arbeitslosigkeit lag auf Rekordniveau.

Am 20. März 2003 besetzten ehemalige Angestellte mit Hilfe der »Nationalen Bewegung zur Rückeroberung von Firmen«, die nach der Wirtschaftskrise entstanden war, das leer stehende Gebäude. Sie brachten es wieder auf Vordermann und gründeten eine Genossenschaft, die legal agieren konnte. Nur den Namen mussten sie leicht verändern. »B.A.U.E.N.« wird seitdem mit Punkten geschrieben und steht für *Cooperativa Buenos Aires Una Empresa Nacional*. Sie schafften, was kaum jemand für möglich gehalten hatte: Das Hotel wurde rentabel und generierte 150 Arbeitsplätze. Hierarchien gibt es seitdem keine mehr. Die einzigen Kontrolleure sind das Gewissen und die demokratischen Entscheidungen der Kooperative.

Ende 2014 sollte das Hotel zum wiederholten Male geräumt werden. Der ehemalige Besitzer hatte es von den Chilenen zurückgekauft und erhebt nun Anspruch auf die Immobilie. Bisher konnten alle Räumungsversuche verhindert werden, und so kann man hier quasi im Schlaf den sozialen Kampf der Genossenschaft unterstützen. Achtung: das B.A.U.E.N. ist nicht zu verwechseln mit dem »BAUEN Suite« um die Ecke. Das ist der einzige Teil der Firma, der Iurcovich geblieben ist.

Adresse Av. Callo 360, San Nicolás, CABA | **ÖPNV** Subte B, Haltestelle Callao; Bus 5, 6, 7, 12, 24, 26, 37, 50, 60, 115, 124, 146, 150, 180 | **Öffnungszeiten** Rezeption rund um die Uhr besetzt (www.bauenhotel.com.ar). Das Café-Restaurant im schicken 70er-Jahre-Ambiente täglich 7–24 Uhr | **Tipp** Direkt um die Ecke, zwischen der Av. Corrientes und der Lavalle, befindet sich das kuriose s-förmige Sträßchen Enrique Santos Discepolo, durch das einst ein Zug fuhr. An dessen Jungfernfahrt im Jahr 1858 erinnert eine Plakette an dem Eckgebäude der Lavalle.

52 Das Hotel de Inmigrantes

Das Haus mit Migrationshintergrund

Im »Hotel de Inmigrantes« kamen Tausende Einwanderer unter, die im Laufe des 20. Jahrhunderts den Hafen von Buenos Aires erreichten. Der Begriff Hotel trifft es allerdings nicht ganz. Es handelte sich eher um eine Massenunterkunft mit großen Schlafsälen und Gemeinschaftsbädern. Heute erzählt das beeindruckende Gebäude aus dem Jahr 1906 als Museum die Geschichte der Menschen, die in Südamerika ein neues Leben suchten. Damit ist es das Pendant zu den Auswanderermuseen der europäischen Hafenstädte, wie beispielsweise die BallinStadt in Hamburg.

Mit der Gründung des Wohltätigkeitsverbands für Einwanderung konnte das Hotel de Inmigrantes als letztes und größtes der insgesamt vier erbauten Objekte für die stetig steigende Zahl der Immigranten gebaut werden. Das 100 Meter lange und vier Stockwerke hohe Gebäude verfügte über vier Wohneinheiten pro Etage und bot Obdach für insgesamt 4.000 Menschen. Nach ihrer Ankunft wurden die Leute systematisch durch das Gebäude geschleust: von der Registrierung und dem Arbeitsamt über die Krankenstation bis zu den Unterkünften. Bis die Menschen Arbeit und Wohnung gefunden hatten, kamen sie oft gratis in der Einrichtung unter.

In Betrieb war das Hotel de Inmigrantes bis 1953. In den 90ern wurde es zum historischen Nationaldenkmal erklärt und ist heute das Nationalmuseum der Immigration mit einem angeschlossenen Zentrum für zeitgenössische Kunst. Neben einem historischen Archiv, in dem etwa die alten Passagierlisten aufbewahrt werden, veranschaulicht die abwechslungsreiche und moderne Ausstellung den Alltag im Hotel. Dazu gehören die spartanischen Stockbetten, aber auch persönliche Gegenstände der Einwanderer wie Pässe, Fotos und Koffer. Das Treppenhaus und die Flure mit ihren großzügigen Decken und weiß gekachelten Wänden und Böden sind im Originalzustand. Die temporären Kunstausstellungen beschäftigen sich mit globalen Themen wie Migration und Flucht.

Adresse Av. Antártida Argentina 1355, Retiro, CABA | ÖPNV Zug Linien »San Martín«, »Mitre« und »Belgrano Norte« sowie Subte C, Haltestelle Retiro; Bus 5, 6, 7, 9, 20, 22, 23, 28, 33, 50, 56, 70, 75, 92, 100, 101, 106, 108, 115, 126, 129LM, 132, 143, 150, 195 | Öffnungszeiten Di–So 12–20 Uhr, Führungen auf Spanisch, Begleitbroschüre auch in Englisch | Tipp Auf der Plaza Canada ganz in der Nähe, in Richtung Bahnhöfe, steht ein Totem, das von kanadischen Indigenen gestaltet wurde.

53 Der Johannisbrotbaum

Freiheit für Amerika!

Die »Quinta Pueyrredón« strahlt in Kalkweiß umgeben von einer saftig grünen Wiese in San Isidro. Eine Galerie, bestehend aus acht Säulen, bildet die Fassade des anmutigen Kolonialbaus von 1790. Durchquert man die Empfangsräume, gelangt man über den großen Patio in die Wohnräume, in denen man eine Sammlung alter Möbel und Gemälde des Sohnes des einstigen Hausherrn bewundern kann. Der Rundgang führt hinaus in den 1,5 Hektar großen Park.

Und plötzlich steht man vor ihm: dem über 330 Jahre alten Johannisbrotbaum. Auf den ersten Blick wirkt er wie ein großer wuchernder Busch. Erst bei genauerer Betrachtung erschließt sich seine Form mit den Ästen, die so viel Zeit zum Wachsen hatten, dass manch einer mehrfach auf dem Boden aufsetzt. Das gesamte Arrangement hat einen Durchmesser von zwanzig Metern und ist mit Moos und Orchideen bewachsen – ein wahres Prachtexemplar. Eine Plakette im Boden weist auf die wichtigste Station in seinem Lebenslauf hin: »Unter diesem historischen Johannisbrotbaum entschieden die Generäle San Martín und Pueyrredón die Unabhängigkeit Amerikas«.

Die Generäle gehören zu den wichtigsten Figuren der lateinamerikanischen Unabhängigkeitsbewegung Anfang des 19. Jahrhunderts. Im Schatten dieses Baumes auf der Quinta, in der Pueyrredón seit 1815 lebte, sollen sie ausgiebig über die Befreiung Südamerikas von der spanischen Kolonialmacht beraten haben. Pueyrredón war Mitglied der ersten Exekutive der Vereinigten Provinzen des Río de la Plata, wie Argentinien zunächst hieß. Der argentinische Militär San Martín wollte Pueyrredón überzeugen, Chile zu befreien und dann über den Seeweg in Peru einzufallen. 1817 marschierte San Martín mit einem Regiment auf spektakuläre Weise über die Anden und überraschte die Spanier in Chile. Der Rest ist Geschichte.

Wer es nicht bis San Isidro schafft: Auf der Plaza Pueyrredón in Flores steht ein Ableger dieses Johannisbrotbaums.

Adresse Rivera Indarte 48, Acassuso, San Isidro, Provincia | **ÖPNV** Zug Linie »Mitre« aus Retiro Richtung Mitre, Haltestelle Olivos, Umstieg in den Tren de la Costa, Haltestelle San Isidro, oder Zug Linie »Mitre« Richtung Tigre, Haltestelle San Isidro, von dort Fußweg Richtung Fluss ca. 10 Minute; Bus 168 Richtung San Isidro | **Öffnungszeiten** März–Okt. Di, Do 10–18 Uhr, Sa, So 14–18 Uhr, Nov.–Feb. 15–19 Uhr, Veranstaltungen unter www.museopueyrredon.org.ar | **Tipp** Zehn Minuten zu Fuß Richtung Norden entlang der Gleise befindet sich ein Rugby-Museum. Es dokumentiert die bewegte Geschichte dieser in Argentinien äußerst beliebten Sportart (Juan B. de Lasalle 653, Di–So 10–18 Uhr).

54__Das Kavanagh-Gebäude
Rache ist hoch

Corina Kavanagh war sauer, richtig sauer! Sie hatte sich in den Sohn der Aristokratin Mercedes Castellanos de Anchorena, besser bekannt als Condesa Pontificia María Luisa de las Mercedes Castellanos de la Iglesia, verliebt. Die hatte jedoch dafür gesorgt, dass sich ihr Sprössling von Corina trennte. Eine Beziehung zu einer neureichen Bürgerlichen schickte sich nicht für die noble Familie. Corina Kavanagh nahm daraufhin all ihr Erbe zusammen und ließ ein riesiges Gebäude an der Ostseite der Plaza San Martín errichten. Und zwar so, dass es die dahinterliegende Basilika vollständig verdeckte, die ihre Erzfeindin als Familiengruft hatte bauen lassen. Die Anchorenas lebten auf der anderen Seite der Plaza im Palacio San Martín und hatten fortan keinen freien Blick mehr auf ihre Kirche – nichts hätte schlimmer sein können.

Als das Gebäude 1936 nach nur 14 Monaten fertiggestellt war, hatte es Corina nicht nur zur Genugtuung verholfen, sondern auch einige Rekorde gebrochen. Es war mit über 120 Metern und 33 Stockwerken zeitweise das größte Gebäude Südamerikas und das erste im Land mit Klimaanlagen und einem Schwimmbad. Es bekam schon damals mehrere Auszeichnungen. Die UNESCO ernannte es 1999 zum Welterbe der modernen Architektur, und noch im Jahr 2013 wurde es von der Zeitung »Clarín« zum schönsten Gebäude der Stadt gewählt. Eine Gegensprechanlage gibt es bis heute nicht. Besucher müssen sich beim Pförtner anmelden, der dann per Telefon oben Bescheid gibt.

Corina lebte bis zu ihrem Tod 1984 im 14. Geschoss. Ihr Apartment, das die gesamte Fläche des Stockwerks einnimmt, stand 2008 für 5,9 Millionen Dollar zum Verkauf.

Der Bau wurde zum Racheakt für die Ewigkeit. Über die Familie Anchorena spricht heute keiner mehr, wohl aber über das »Edificio Kavanagh«. Um zur Basilika zu gelangen, muss man ein kleines Sträßchen passieren, es heißt: Corina Kavanagh.

Adresse Florida 1065, Retiro, CABA | **ÖPNV** Subte C, Haltestelle San Martín; Bus 6, 7, 9, 20, 22, 23, 26, 28, 33, 45, 50, 56, 61, 62, 70, 91, 93, 106, 108, 115, 126, 129M, 130, 132, 143, 150, 152, 195 | **Öffnungszeiten** nur von außen zu besichtigen | **Tipp** Drei *cuadras* entfernt befindet sich die rustikale und gemütliche Bar und Restaurant »Bárbaro« (Tres Sargentos 415, Mo−Sa 9−2 Uhr).

55 Das Kirchenportal

Judaskuss vom Engel des Todes

Es ist ein komisches Gefühl, vor dieser Kirchentür zu stehen, wenn man weiß, was sich hier zugetragen hat. Der Fall der »Iglesia Santa Cruz« macht besonders deutlich, wie skrupellos das Militärregime von General Videla zwischen 1976 und 1983 gegen Oppositionelle vorging. Damals verschwanden 30.000 Menschen.

Die Rolle der katholischen Kirche während dieser Zeit ist wenig ruhmreich. Viele Bischöfe teilten das Feindbild der Militärs: den Kommunismus. Die große Masse nahm die Geschehnisse schweigend hin, und einige unterstützten das Regime sogar aktiv. Die Kirche Santa Cruz war eine Ausnahme. Sie engagierte sich in der Widerstandsbewegung gegen den Staatsterrorismus und war Zufluchtsort für Angehörige der Verschwundenen. Darunter auch die Gründerinnen der »Madres de la Plaza de Mayo«.

Zu den Treffen kam auch Gustavo Niño, der behauptete, Bruder eines Verschwundenen zu sein. Der blonde junge Mann, unauffällig und beliebt, war in Wirklichkeit der Spion Alfredo Astiz. Er war spezialisiert auf die Infiltration von zivilen Protestgruppen. Als im Dezember 1977 die Entscheidung fiel, die Menschenrechtsgruppe der »Iglesia Santa Cruz« verschwinden zu lassen, wurde er zu ihrem Todesengel. Wer verschleppt werden sollte, wurde von Astiz unter dem Bogen der Kirchentür auf die Wange geküsst – zwölf an der Zahl. Es war das tödliche Zeichen für seine Komplizen. Einige der Leichen wurden später gefunden, sie sind im Kirchenschiff beerdigt. Der Fall erlangte internationale Aufmerksamkeit, da unter den Opfern auch zwei französische Nonnen waren.

Nachdem er dank der Amnestiegesetze der 90er Jahre weiter im Militär diente, wurde Astiz nach deren Annullierung 2006 zu lebenslanger Haft verurteilt. Diese Kirchentür war zur Kulisse eines Judaskusses par excellence geworden: »Und der Verräter hatte ihnen ein Zeichen gegeben und gesagt: Welchen ich küssen werde, der ist's; den greifet« (Matthäus 26, 48).

56 Der kleinste Häuserblock

Gutes Fleisch auf einem Fleckchen Stadt

In Villa Pueyrredón gibt es ein kleines Fleckchen Stadt. Es ist nachweislich der kleinste Block von Buenos Aires, der nur aus einem einzigen Häuschen besteht. Dieser Effekt ergibt sich durch die kurze Querstraße Formentista, die hier drei Häuserblocks durchkreuzt und diese kleine Insel entstehen lässt. »La Manzanita« wird sie genannt, der Diminutiv von *manzana*, was auf Spanisch eigentlich Apfel heißt. Keiner weiß, warum das Wort ab dem 17. Jahrhundert auch als Maßeinheit für Häuserblocks verwendet wurde.

In der kolonialen Stadtplanung wurden die vier Seiten eines Häuserblocks *cuadra* genannt, die 100 *varas* lang waren, was in etwa 83 Metern entsprach. Der gesamte Block wurde *manzana* genannt. In den von der spanischen Krone angelegten Städten ist alles, was von dieser Norm abweicht, eine Rarität. In Buenos Aires gehören dazu das kreisrunde Viertel Parque Chas (Ort 73) und eben La Manzanita.

Vielleicht würde diese Stelle auch ganz unspektakulär übersehen werden, stünde dort nicht die »Parrilla Eriberto«, ein traditionelles und authentisches Fleischrestaurant. Zuvor waren in dem Zwergenhaus verschiedene Geschäfte, wie Friseure und Gemüseläden, untergebracht. Die Besitzer sollen sogar im ersten Stock gewohnt haben. Heute bekommt man hier saftige Steaks, Grillwürste und Innereien in familiärer *barrio*-Atmosphäre serviert.

Im Restaurant selbst kann man nicht sitzen, dort ist gerade mal Platz für den großen Grill. Die Tische stehen rund um das Gebäude, wodurch man ein wenig das Gefühl hat, auf einer Verkehrsinsel zu speisen. Da Villa Pueyrredón aber ein abgeschiedenes Viertel ist, kommen nur wenige Autos vorbei. Im Winter wird der Außenbereich beheizt. Der Restaurantbesitzer ist stolz, auf La Manzanita zu grillen. Und bevor er das als Slogan auf die Speisekarte packte, hat er es sich persönlich noch mal vom Stadtregister bestätigen lassen: Ja, es ist die kleinste *manzana*!

Adresse Escobar 3101, Villa Pueyrredón, CABA | **ÖPNV** Zug Linie »Mitre« aus Retiro Richtung Suárez, Haltestelle Miguelette, dann zu Fuß unter der Autobahn General Paz zurück ins Gebiet von capital; Bus 21, 28, 110, 169 | **Öffnungszeiten** täglich 11–24 Uhr | **Tipp** An der Av. Constituyentes auf der anderen Seite der Autobahn General Paz (Villa Martelli, Vicente López) findet von Juli bis November die riesige interaktive Technik- und Wissenschaftsmesse »Tecnópolis« statt.

57 Die König-Fahd-Moschee

Ein offenes Haus

Die König-Fahd-Moschee in Palermo wurde 1996 zur Amtszeit von Carlos Menem gebaut. Er ist Kind syrischer Einwanderer, und weil zu der Zeit einige anscheinend nicht wussten, wo Syrien liegt, nannten sie ihn *El Turco*, der Türke. Um Präsident zu werden, musste er zum Christentum konvertieren, gab dem Bau dieser Moschee aber in besonderer Weise Antrieb. Er gestand der islamischen Gemeinde dieses 3,5 Hektar große Terrain kostenlos zu. Der saudische König finanzierte den Bau und trägt bis heute die laufenden Kosten.

Mit ihren zwei Minaretten, dem großen Gebetsraum, einer Schule und einem Kulturzentrum ist sie die größte Moschee Lateinamerikas. Bis zu 1.500 Gläubige finden darin Platz, wobei sie sich lediglich während des Ramadans füllt. Beim Bau war man von einer schneller steigenden Zahl Muslime ausgegangen. Nur etwa ein Prozent der 43 Millionen Argentinier gehört dem Islam an. Die Hälfte davon lebt in Buenos Aires.

Der Architekt des schlichten Gebäudekomplexes mit arabischen Architekturelementen war ein Saudi, das Material stammt jedoch von argentinischen Firmen. Diese nationale Identität ist der Gemeinde wichtig. Die meisten Mitglieder sind argentinische Staatsbürger. Auf dem hauseigenen Platz werden regelmäßig Freundschaftsspiele zwischen Botschaften ausgetragen. Das Kulturzentrum und die staatlich anerkannte Grundschule werden auch von Nichtmuslimen rege genutzt, sie machen 90 Prozent der Schüler aus. Der saudi-arabische Einfluss ist kein Geheimnis: Das Gelände ist diplomatisches Terrain, und im Mitgliederrat sitzen Argentinier neben Saudis.

Die religiöse Toleranz in Buenos Aires ist hoch. Beim Bau der Moschee gab es keinerlei Proteste, und drei Mal die Woche öffnet die Moschee ihre Türen für Gäste. Bei den Führungen werden alle noch so naiven Fragen zur islamischen Religion und Kultur geduldig beantwortet und mit dem ein oder anderen Vorurteil aufgeräumt.

Adresse Av. Bullrich 55, Ecke Cerviño, Palermo, CABA | **ÖPNV** Zug Linie »San Martín« aus Retiro, Haltestelle Palermo, Linie »Mitre« aus Retiro, Haltestelle 3 de Febrero, Subte D, Haltestelle Palermo; Bus 10, 12, 15, 29, 39, 41, 55, 57, 59, 60, 64, 67, 68, 95, 118, 128, 141, 152, 160, 161, 166, 188 | **Öffnungszeiten** Führungen Di, Do und Sa 12 Uhr, außer bei Regen. Auf Englisch nach Anmeldung ab 15 Personen (Tel. 011/48991144, info@cciar.com). Das Tragen von langer Kleidung wird erwartet. | **Tipp** Von der Moschee sind es nur wenige Meter bis in den großen Stadtpark »Bosques de Palermo«, wo man bei einem Spaziergang die Rotkäppchen-Skulptur besichtigen kann (Ort 85).

58 Der koschere McDonald's

Fast Food, vom Rabbiner überwacht

Vermutlich ist dies der einzige Stadtführer der Welt, in dem man ein McDonald's-Restaurant findet. Denn was kann schon Besonderes sein an Restaurants einer internationalen Fast-Food-Kette, die weltweit nahezu identisch sind? Dieses fällt aus dem Rahmen. Zwar von außen nur durch ein kleines Wörtchen, dafür aber deutlich das Innere der Burger.

Im Abasto Shoppingcenter im Viertel Balvanera, besser bekannt unter dem Namen Once, befindet sich das einzige koschere McDonald's-Restaurant außerhalb Israels. Es soll sogar das erste der Welt gewesen sein. Das hier angebotene Fast Food wird streng nach den Vorgaben der jüdischen Speisegesetze zubereitet. Wer mit diesen nicht vertraut ist: Koscher sind die Nahrungsmittel, deren Verzehr die Tora erlaubt. Zum Beispiel nur bestimmte Tiere. Fleisch und milchhaltige Lebensmittel dürfen nicht zusammen konsumiert oder zubereitet werden, außerdem darf kein Blut genossen werden. Und klar, von Freitagabend bis Samstagabend – also am Sabbat – ist der Laden geschlossen. Die Einhaltung der Regeln überprüft Rabbiner Daniel Oppenheimer, wie es ein großes gelb-rotes Plakat neben dem Tresen versichert.

Somit ist die US-amerikanische Fleischvernichtungs-Kette ein deutliches Symbol für die Bedeutung und die Größe der jüdischen Gemeinde in Buenos Aires. Knapp 30.000 Orthodoxe leben allein hier im Once.

Wer es aus kulinarischen oder politischen Gründen vermeiden möchte, bei McDonald's essen zu gehen, kann sich in einem der zahlreichen jüdischen Geschäfte in der Umgebung eine hausgemachte koschere Wurst besorgen. Und wenn es unbedingt das Fast Food sein soll, dann sollte man nicht den Fehler machen, einen Cheeseburger zu bestellen. Sofern Herr Oppenheimer seiner Aufgabe nachgekommen ist, wird man den in diesem McDonald's garantiert nicht bekommen.

Adresse Abasto-Shopping, 2. Stock, Av. Corrientes 3247, Balvanera, CABA | **ÖPNV** Subte B, Haltestelle Carlos Gardel; Bus 24, 26, 29, 41, 62, 64, 68, 71, 99, 110, 115, 118, 124, 132, 145, 168, 188 | **Öffnungszeiten** So–Do und feiertags 10–23 Uhr; Fr, Sa und vor Feiertagen 10–1 Uhr | **Tipp** An der Westseite des Abasto-Shopping geht die Pasaje Carlos Gardel ab, dort findet man neben einem Monument des legendären Tangomusikers zahlreiche Gebäude, die mit *fileteados* verziert sind (siehe Ort 33). Um die Ecke ist Gardel in seinem ehemaligen Wohnhaus ein sehenswertes Museum gewidmet (Jean Jaures 735, Mo und Mi–Fr 11–18 Uhr, Sa, So und feiertags 10–19 Uhr).

59 Die Lanchas Almaceneras

Schwimmende Supermärkte im Tigre-Delta

Rund zwanzig Kilometer nördlich von capital bildet das Tigre-Delta die Grenze des Großraums von Buenos Aires. Hier macht sich ein weitläufiges Netzwerk aus Kanälen und Flüssen mit unzähligen Inseln breit. Die meisten davon sind bewohnt, Autos und Asphaltstraßen gibt es keine, dafür Wasser-Taxis, ein Feuerwehr- und ein Müllabfuhr-Schiff sowie eine schwimmende YPF-Tankstelle. Der ganze Alltag wird übers Wasser organisiert.

Jeden Morgen schwirrt ein Dutzend sogenannter »Lanchas Almaceneras« in das Delta aus. Diese schwimmenden Supermärkte sind das Lebenselixier der Insulaner. Sie versorgen Hunderte Familien täglich mit Lebensmitteln, Getränken, Holzkohle, Gasflaschen und Haushaltswaren. So manches Boot ist hier bereits seit mehreren Generationen im Einsatz. Im Zickzack schlängeln sie sich nach einem festen Fahrplan über die Wasserstraßen, legen an die privaten Stege der Häuser an und werden dort bereits von ihren Kunden erwartet. Im Tigre-Delta wird eben das Leben an die Umgebung angepasst und nicht umgekehrt.

Die Routen durch das Kanalsystem sind streng unter den *lancheros* aufgeteilt. Konkurrenz gibt es nicht, wobei sich ihre Preise sowieso kaum unterscheiden. Die Lanchas Almaceneras sind aber nicht nur ein Warenhaus, sondern haben auch eine tragende soziale Funktion im Delta-Alltag. Sie sind Informationszentrale, Post, Gerüchteküche und Small-Talk-Partner zugleich. Wem morgens einfällt, was noch dringend benötigt wird, ruft seinen Lanchero an, solange er noch im Hafen ist. Ob Angelhaken, Kondome oder Zigaretten, die Notfallbestellungen fallen oft sehr unterschiedlich aus.

Um einen schwimmenden Supermarkt zu Gesicht zu bekommen, muss man während eines Delta-Ausflugs, zum Beispiel auf dem Rundgang durch Tres Bocas (siehe Ort 88), Glück haben oder sich frühmorgens am Festland zum Puerto de los Frutos begeben. Dort werden sie beladen, bevor sie aufbrechen.

Adresse Puerto de los Frutos, Las Casuarinas, Tigre, Provincia | ÖPNV Der Tren de la Costa endet kurz hinter dem Puerto de Frutos, Haltestelle Delta. Zug Linie »Mitre« Richtung Tigre, Haltestelle Tigre, endet am Hafen, wo die Passagierboote ins Delta abfahren. | Tipp Hinter dem Puerto de los Frutos gibt es einen großen Vergnügungspark, den »Parque de la Costa«, der im Sommer geöffnet ist (Di−So 11−20 Uhr).

60 Las Heras 2214

Unvollendete Pseudo-Gotik

Manchmal bekreuzigen sich Menschen, wenn sie an diesem Gebäude vorbeikommen, in dem Glauben, es handle sich um eine Kathedrale. Diese Segensgeste ist hier aber völlig umsonst. Das Gebäude im neogotischen Gewand an der Avenida Las Heras in Recoleta wurde für die Rechtswissenschaftliche Fakultät geplant. Eigentlich hatte der Architekt Arturo Prins eine ganz andere Skizze vorgelegt, doch die Universitätsleitung war besessen von dem bis dato schon ausgeklungenen Neugotik-Fieber des 18. und 19. Jahrhunderts. Sie schickte Prins nach Europa, um sich inspirieren zu lassen. Sein neuer Entwurf sah einen herrschaftlichen Turm von 120 Metern Höhe vor und begeisterte die Verantwortlichen. Und so wurde 1910 der Grundstein für die Fakultät im neogotischen Stil gelegt.

Mit dem Ausbruch des Ersten Weltkriegs schnellten die Kosten in die Höhe, und der Bau verzögerte sich. Damit 1925 wenigstens ein Teil für die Lehre genutzt werden konnte, wurden die Pläne modifiziert. Letztendlich entschied die Uni, es sei günstiger, ein neues Gebäude zu bauen, als dieses fertigzustellen, und stoppte 1938 das Projekt. Da der Turm nie errichtet wurde, scheint der Bau noch heute unvollendet, als wäre das Dach gekappt worden. Zu schade, wie die im Internet auffindbaren Originalskizzen beweisen. »Las Heras 2214« wäre die Miniaturversion des Viktoriaturms am Londoner Westminster Palast geworden und damit die passende Ergänzung zur Kopie des Big Ben, den Argentinien von den Briten zum 100. Jubiläum der Unabhängigkeit geschenkt bekam und der im Stadtteil Retiro steht.

Heute befinden sich in Las Heras 2214 die Ingenieurswissenschaften sowie das Wissenschafts- und Technikmuseum. Ein Blick ins Innere lohnt sich. Der monumentale Treppenaufgang zu den Aulas und die Waagen, die als Symbol der Gerechtigkeit kunstvoll in die Glasfenster eingearbeitet sind, erinnern merklich an die ursprüngliche Bestimmung als Jurafakultät.

Adresse Av. Las Heras 2214, Recoleta, CABA | **ÖPNV** Bus 10, 37, 41, 59, 60, 61, 62, 92, 93, 95, 102, 108, 110, 118 | **Öffnungszeiten** Mo – Fr 9 – 19 Uhr, bei Veranstaltungen auch am Wochenende geöffnet | **Tipp** Nur wenige Meter entfernt bietet die Terrasse des etwas überteuerten »Silver Pub« (Vicente López 2176) den besten Ausblick auf den Friedhof von Recoleta.

61 Little Bolivia

Kartoffelvariationen, Inka-Kola und Lamaföten

Ein Besuch im bolivianischen Viertel ist wie ein Ausflug in die Andenmetropole La Paz. Ein paar Männer tragen eifrig große Säcke voll Obst und Gemüse durch die dicht gedrängten Menschenmengen. Knallgelbe Inka-Kola und leuchtender Schmuck: Das Ambiente ist farbenfroh und die Luft voller Gewürzduft, die Stimmung ist geschäftstüchtig und entspannt zugleich. Mitten in Buenos Aires findet man hier alle Zutaten für die bolivianische und peruanische Küche – darunter allein zwanzig verschiedene Kartoffelsorten. Sogar mit getrockneten Lamaföten, einer traditionellen Opfergabe, kann man sich hier eindecken. Die Straße Suárez, ausgehend von der Avenida Rivadavia im östlichen Stadtteil Liniers, ist die Hauptschlagader von »Little Bolivia«.

Ab Anfang des 20. Jahrhunderts kamen viele Bolivianer zunächst als Wanderarbeiter in ihr südliches Nachbarland. In der Hoffnung auf ein besseres Leben schaffte es der Großteil, sich zu etablieren, und landete, wie hier in Little Bolivia im Gemüsehandel. Andere, die weniger Glück hatten, wurden und werden als billige Haushaltskräfte oder in Textilmanufakturen und im Gemüseanbau ausgebeutet. Auch aufgrund dieser Diskriminierung ist die bolivianische Gemeinschaft in Buenos Aires von einem starken Zusammenhalt geprägt. Es gibt Kulturzentren und eigene Medien. Offiziell leben rund 350.000 Bolivianer in Argentinien, andere Schätzungen gehen von 1,5 Millionen aus.

Auf der Suárez und ihren Seitenstraßen gewinnt man einen Eindruck von dem Leben der Einwanderer aus den Andenländern. Hier kann man zum Beispiel in der Straße Ibarrola im Restaurant »Miriam« hausgemachten bolivianischen Eintopf bestellen und im Stockwerk darüber das typisch peruanische Fischgericht *Ceviche*. In der Reiseagentur nebenan gibt es die günstigsten Bustickets nach Cochabamba oder La Paz, das man von hier aus in schlappen 56 Stunden erreicht. Vielleicht reicht für heute ein Ausflug nach Little Bolivia!

Adresse José León Suárez und Querstraßen, zwischen Av. Rivadavia und Ibarrola, Liniers, CABA | **ÖPNV** Zug Linie »Sarmiento« aus Once, Haltestelle Liniers, oder Subte A, Haltestelle San Pedrito, weiter mit Bus 1, 2, 8, 136, 163 | **Öffnungszeiten** Mo—Sa tagsüber | **Tipp** Little Bolivia liegt auf halber Strecke zum »Museo Afro-Argentinos« in Hurlingham (Ort 66, selbe Zuglinie). Ein Besuch lässt sich gut damit verbinden.

62 Lo de Roberto
Die Tango-Spelunke

Buenos Aires ist die Stadt des Tangos. Da ist es gar nicht einfach, sich durch den Dschungel des Angebots aus *milongas* und *peñas* zu schlagen, vor allem, wenn man die teuren, für Touristen arrangierten Shows in San Telmo meiden möchte. Ein wahrhaft authentisches, pures und ehrliches Tangoerlebnis bekommt man in dieser Eckkneipe im Herzen des traditionellen Barrios Almagro.

Um 1930 befand sich hier ein kleiner Lebensmittelladen, bevor Roberto Pérez ein Café eröffnete, das alle nur unter *»Lo de Roberto«* oder *»El Boliche de Roberto«* kannten. Als er starb, übernahm ein junger Wirt das Lokal, der die kluge Entscheidung traf, einfach nichts zu verändern. Er bewahrte damit das Ambiente dieser urigen und ungeschliffenen Spelunke: die verstaubte Sammlung leerer Flaschen als Bordüre unter dem ramponierten Ziegeldach, die abgewetzten Stühle auf dem rauen Kalkboden und den antiken klobigen Holzkühlschrank hinter dem Tresen. An diesem sieht man sogar noch das Einschussloch einer Pistolenkugel – Spuren vergangener, rauer Zeiten. Es ist gemütlich, schummrig und gemeinschaftlich, wie in den Arbeiterkneipen zur Geburtsstunde des Tangos im späten 19. Jahrhundert.

In diese Welt kann man hier abtauchen, wenn jeden Abend Tango- und Folkloremusiker mit Bandoneon und Gitarre auftreten. Ohne Bühne, unverstärkt und beeindruckend ausdrucksstark bescheren sie der ursprünglichen Tangomusik der 1920er, 30er und 40er Jahre eine Renaissance bei Kerzenschein. Wem's gefällt, der wirft anschließend einen Schein in den Hut.

Wenn nach Mitternacht die großen Klassiker von Gardel und Pugliese dargeboten werden, das Publikum gleich welchen Alters ergriffen mitsingt und selbst der Wirt nach einigen Gläsern Wein mit seiner sonoren Stimme auf dem Parkett überrascht – spätestens dann reift in einem die Gewissheit, dass man hier den authentischsten aller Orte des *tango porteño* gefunden hat.

Adresse Plaza Almagro, Bulnes 331, Ecke General Juan Domingo Perón, Almagro, CABA |
ÖPNV Subte B, Haltestelle Medrano; Bus 19, 24, 26, 36, 71, 124, 127, 128, 151, 160,
168, 180 | **Öffnungszeiten** täglich außer Di ab 19 Uhr, Sa, So wird gelegentlich etwas später
geöffnet, ab 22 Uhr sind oft alle Tische besetzt. | **Tipp** Für noch mehr Untergrund-Tango:
mittwochs um die Ecke in die Bar »Cusca Risun« (Perón 3649) zur *Peña Tanguera de Almagro*,
teilweise mit denselben Musikern. Im leckeren Restaurant »Curcuma« (Sarmiento 3685,
Di–Sa 20–1 Uhr) stärkt man sich vorher vegetarisch für den langen Tango-Abend.

63 Der Malvinas-Park

Souveränitätsansprüche mit allen Sinnen erleben

Um die Islas Malvinas im südlichen Atlantik streitet sich Argentinien mit dem Vereinigten Königreich seit über 200 Jahren. Wer wann genau die Hoheit über den Archipel hatte, wird je nach Standpunkt unterschiedlich bewertet. Fakt ist, ab 1770 war er in spanischer Hand und ging an das unabhängige Argentinien über. Anno 1833 nahmen die Briten die Inseln ein und nannten sie Falkland Islands. Der letzte Versuch durch das argentinische Militärregime, die Inseln zurückzuerobern, scheiterte 1982 mit dem Falklandkrieg kläglich. Die heutigen Bewohner bekennen sich zu Großbritannien, die UN stuft den Konflikt als andauernde Territorialstreitigkeit ein, und Argentinien bleibt dabei: »Die Malvinas gehören uns!«

Diesem Souveränitätsanspruch sind in Buenos Aires ein kurioser Kinderpark und ein Museum gewidmet. Die Spielgeräte im »Parque de la Soberanía« führen die Kleinsten an das nationale Anliegen heran. Auf Pinguinen, Schafen und Seelöwen kann geschaukelt und geklettert werden, danach erläutern kindgerechte Schilder, welche Rolle sie für das Inselleben spielen. In der Museumsfront spiegelt sich eine überdimensionale Nationalfahne, und ein Modell der Inselgruppe in einem künstlichen See soll Atlantikstimmung aufkommen lassen. Der große Leuchtturm, der nachts die angrenzende Autobahn erhellt, trägt auch dazu bei. Die Ausstellung im Museum setzt auf das emotionale Erlebnis: In einem Projektionsraum kann man Schönheit, Kälte und Weite der Malvinas erleben. Spätestens jetzt wird auch dem letzten Zweifler klar: Die Malvinas-Inseln sind die geografische Erweiterung Patagoniens und damit Teil der argentinischen Gaucho-Identität.

Zugutehalten muss man dem Museum, dass es die Rolle des Malvinen-Krieges ausgewogen aufarbeitet. Doch auf der Facebook-Seite des Museums ist längst eine hitzige Debatte entbrannt, in der sich Argentinier, Briten und Kelpers – wie die Insulaner genannt werden – mal mehr, mal weniger respektvoll die Meinung geigen.

Adresse Espacio Memoria y Derechos Humanos (ex ESMA), Av. del Libertador 8151, Nuñez, CABA | **ÖPNV** Zug Linie »Mitre« aus Retiro Richtung Tigre, Haltestelle Rivadavia; Bus 117, 28, 15, 29, 130 | **Öffnungszeiten** Mi – Fr 9 – 17 Uhr, Sa, So und feiertags 12 – 20 Uhr | **Tipp** Auf dem Gelände der »ex ESMA« befindet sich u. a. auch das ehemalige Casino, das als Folterzentrum fungierte und heute ein empfehlenswertes Museum über die Geschichte der Militärdiktatur ist. Auch die »Casa por la Identidad« (Ort 18) befindet sich dort.

64_ Der Meilenstein Nr. 12
Bürger besiegen das British Empire

Was macht das Argentinisch-Sein aus? Die Band »La Bersuit« widmete dieser schwierigen Frage 2004 ein Lied. In »La Argentinidad al Palo« besingen sie die schönsten Frauen der Welt, den meisterhaften Fußball und das Zusammenleben vieler Nationen. Aber auch Diktaturen, Armut und das politische Chaos nach der Wirtschaftskrise 2001 sind Inhalt des Stückes. Was es heißt, argentinisch zu sein, damit beschäftigt sich diese Einwanderungsgesellschaft seit jeher. Dabei ist die Antwort – zumindest wenn man sich auf diesen Monolithen beruft – so einfach: Die Wurzel der argentinischen Nationalidentität liegt in der Wiedereroberung von Buenos Aires, die den Briten in den Jahren 1806 und 1807 gelang. Eine ganze Monumenten-Serie ist diesen Siegen gewidmet. Durchnummeriert stehen sie an den jeweiligen Kampfschauplätzen.

Seit jeher hatten die Briten ein Auge auf die Reichtümer Südamerikas geworfen. Die Industrialisierung und der aufstrebende Kapitalismus befeuerten ihre Suche nach neuen Märkten. Um zu verhindern, dass sich Bonaparte während der Napoleonischen Kriege Lateinamerika unter den Nagel reißt, besetzte die britische Armee im Juni 1806 Buenos Aires. Der spanische Vizekönig floh nach Córdoba, und die »Times« berichtete stolz, die Stadt gehöre nun zum britischen Imperium. Nach nur 46 Tagen schlug die örtliche Miliz die Eindringlinge mit tatkräftiger Unterstützung der Bevölkerung in die Flucht. Genau hier erinnert der verwitterte »Meilenstein der *Argentinidad* Nr. 12« an diesen entscheidenden Erfolg.

Als 1807 auch der zweite Versuch zum Desaster für die Briten wurde, mussten sie ihre Ansprüche in der Region ein für alle Mal aufgeben. Die lokalen Eliten fühlten sich vom spanischen Mutterland im Stich gelassen, und ihr Sieg gegen die Briten sorgte für ein erstarktes Selbstbewusstsein – ein bedeutender Faktor, der 1810 maßgeblich zur Mairevolution und letztendlich zur Unabhängigkeit beitrug.

Adresse Plaza San Martín, Maipú zwischen Av. Santa Fé und Arenales, Retiro, CABA | ÖPNV Subte C, Haltestelle San Martín; Bus 6, 7, 9, 20, 22, 23, 26, 28, 33, 45, 50, 56, 61, 62, 70, 91, 93, 106, 108, 115, 126, 129M, 130, 132, 143, 150, 152, 195 | Tipp Vier *cuadras* entfernt, Ecke Suipacha und Arroyo, erinnert ein Platz an den Bombenanschlag auf die israelische Botschaft im Jahr 1992, die genau dort stand.

65 Das MOB-Gebäude
Hommage an Evita und die Korruption

Bereits zweimal veränderte dieses 93 Meter hohe funktionale Gebäude das Stadtbild von Buenos Aires. Kurz nach seiner Fertigstellung 1936 wurde eine Fehlplanung offensichtlich: Der Bau einer breiten Nord-Süd-Verbindung im Zentrum war längst beschlossen, das Ministerio de Obras Públicas (MOB) aber stand am Südende der geplanten Schnellstraße im Weg. Um den Neubau nicht wieder abreißen zu müssen, gab es mehrere Vorschläge. Einer davon sah vor, die Mauern des Erdgeschosses abzureißen und die Autos darunter hindurchzuführen. Am meisten Anklang fand aber die Idee, am Nordende einen identischen Wolkenkratzer zu errichten und damit zwei Zugangstore für die monumentale Straße zu schaffen. Der zweite Turm wurde zwar nie gebaut, das MOB-Gebäude blieb aber erhalten und wurde neben dem Obelisken zum zweiten Emblem der neuen Avenida *9 de Julio*.

Da die restlichen Häuser der Avenida an parallelen, kleineren Straßen mit eigenen Namen liegen, erhielt es als einziges die offizielle Adresse 9 de Julio 1925.

Im Jahr 2011 transformierte das Gebäude erneut den Charakter des Stadtzentrums. Die Kirchner-Regierung ließ zwei Stahlkonterfeis von Eva Perón anbringen. Richtung Constitución blickt die lächelnde Evita, die elegante Staatsfrau, auf der Nordseite prangt die kämpferische Revolutionärin am Mikrofon. Das hat Symbolwirkung, denn im August 1951 verkündete die Präsidentengattin vom Balkon dieses Gebäudes unter dem Jubel Tausender Anhänger, dass sie als Vizepräsidentin kandidieren würde. Dazu kam es allerdings nicht, da sie im Juli des Folgejahres starb.

Erwähnenswert sind auch zwei Art-déco-Figuren an den östlichen Ecken des Hochhauses. Eine hat ein Köfferchen dabei, und die andere hält heimlich ihre Hand nach hinten auf. Man sagt, sie symbolisieren die Korruption – und das an einem Ministerium? Offiziell bestätigt wurde diese Interpretation nie, aber sie liegt wirklich nahe.

Adresse Av. 9 de Julio 1925, Ecke Moreno, Monserrat, CABA | **ÖPNV** Subte C, Halte-stelle Moreno; Bus 8, 9, 10, 17, 45, 56, 59, 64, 67, 70, 86, 91, 100, 103, 105, 129M | **Öffnungs-zeiten** nur von außen zu besichtigen | **Tipp** Fünf *cuadras* entfernt bietet das traditionelle Restaurant »Plaza Mayor« hervorragende spanische Küche (Venezuela 1399, Mo–So ab 12 Uhr).

66_ Das Museo Afro-Argentino

Auf der Suche nach den afrikanischen Wurzeln

Argentinien fühlt sich europäisch, da war im öffentlichen Diskurs lange Zeit kein Platz für afrikanische Ursprünge. Jahrzehntelang behaupteten Historiker und Politiker, es gäbe keine Schwarzen in Argentinien. Die wenigen Sklaven, die in Wirklichkeit deutlich mehr waren, seien durch Kriege und Krankheit gestorben oder ausgewandert. Die Einwanderer, die im 19. Jahrhundert von den Kapverdischen Inseln nach Buenos Aires kamen, findet man ebenfalls in keinem Schulbuch. Dieser Version der Geschichte wird nun immer vehementer widersprochen.

Eine dieser Stimmen ist das »Institut für die Erforschung und Verbreitung der Kulturen der Schwarzen«. Dahinter stehen zwar in der Mehrheit weiße Argentinier, die in der afro-brasilianischen »Candomblé«-Religion eine spirituelle Heimat gefunden haben, ihr Engagement ist jedoch beachtlich. In den 1980er Jahren gründeten sie in ihrem Tempel in der Provinz von Buenos Aires das »Museo Afro-Argentino«. Hier soll anhand von Masken, Kultobjekten und traditionellen Gewändern die »Seele der Kulturen Afrikas« gezeigt werden. Die spirituellen Wurzeln des Candomblé in Westafrika stehen dabei im Vordergrund und weniger die aktuelle politische und gesellschaftliche Situation der *afro-argentinos*. Der Besuch des Museums lohnt sich aber schon allein deshalb, weil die Leiter der Gemeinde bereitwillig über ihre, in Brasilien weitverbreitete Religion Auskunft geben.

Allgemeinere Bezüge zum Leben von *afro-argentinos* schafft das Institut über wissenschaftliche Kongresse, die es bereits vier Mal zusammen mit der Nationalbibliothek organisierte. Dort wurde auch eine kürzlich veröffentlichte Studie der Universität von Buenos Aires diskutiert, die ergab, dass rund zwei Millionen Argentinier schwarze Vorfahren haben. Die Redensart, »Argentinier stammen von den Schiffen«, ist korrekt, die Schiffe kamen eben nicht nur aus Europa!

Adresse Húsares 476, Villa Tesei, Hurlingham, Provincia | **ÖPNV** Zug Linie »Sarmiento« aus Once, Haltestelle Morón, von dort weiter mit Bus 443, 463 oder mit dem Taxi | **Öffnungszeiten** unregelmäßig, erfragen unter Tel. 011/4450-4586 oder auf www.doyo.com.ar/home/contacto | **Tipp** Wer sich für das Thema interessiert, jedoch nicht bis hier rausfahren möchte, kann das Kulturzentrum des »Movimiento Afrocultural« in San Telmo besuchen (Defensa 535).

67 — Das Museo del Agua

Oder: Das Museum des Klos

Die Hauptausstellungsstücke in diesem Museum, das sich der Geschichte der Wasserversorgung widmet, sind Kloschüsseln. Hunderte Pissoires und Klosetts in allen Größen und Formen können hier bewundert werden. Das Museum befindet sich im »Palacio de Aguas Corrientes«, einem imposanten Gebäude der Stadtwerke aus dem Jahr 1894, für dessen eklektische Fassade 350.000 Terrakottastücke aus London importiert wurden. Es beherbergt zwölf Tanks mit einem Fassungsvermögen von rund 72 Millionen Liter Wasser. Sie sollten helfen, die Hygiene in der schnell wachsenden Metropole zu verbessern. Pest, Typhus und Cholera hatten in Buenos Aires Anfang des 19. Jahrhunderts heftig gewütet.

Später brachte man im selben Gebäude die Abteilung für die Qualitätsüberprüfung von Kloschüsseln unter. Da es noch keine Norm gab, mussten Firmen von allen eigenen und importierten Modellen je ein Exemplar auf ihre Funktionstüchtigkeit prüfen lassen. Sie hießen Iris, Superbus, Eterna oder Strong. Um die Schwingungen des Abflussrohres begutachten zu können, wurden die Porzellanschüsseln in der Mitte durchgeschnitten. Auch von diesen halben Toiletten gibt es im Museum noch ein paar Exponate. Außerdem zeugt ein Potpourri an Armaturen, Rohrstücken, Messgeräten und Spülkästen von der bewegten Sanitärgeschichte – nicht nur Argentiniens. Umrahmt wird die Ausstellung von Möbeln aus der Zeit, als hier der Lokus-TÜV seiner Arbeit nachging.

Eine Frage bliebe noch offen: Wozu so ein Prunkbau für die Verkleidung von ein paar Tanks (die man im Übrigen auch besichtigen kann)? Die Bevölkerung wusste damals die Vorzüge der Wasserversorgung noch nicht zu schätzen, brachte sie doch ewige Baustellen mit sich, in denen viel Geld in Form von Rohren vergraben wurde. Als alles fertig war, konnte man diese nicht einmal mehr sehen. Der Palacio de Aguas sollte den Wert des neuen Systems sichtbar machen.

Adresse Palacio de Aguas, Riobamba 750, 1. Stock, Balvanera, CABA | ÖPNV Subte D, Haltestelle Callao; Bus 12, 29, 37, 60, 75, 99, 106, 109, 111, 124, 132, 140, 150 | Öffnungszeiten Mo–Fr 9–13 Uhr | Tipp Zwei *cuadras* weiter auf der Av. Santa Fé, Ecke Junín steht an einer Plaza das riesige, im brutalistischen Stil errichtete Gebäude der medizinischen Fakultät. Ein krasser Kontrast zu dem Prachtbau, in dem dieses Museum untergebracht ist.

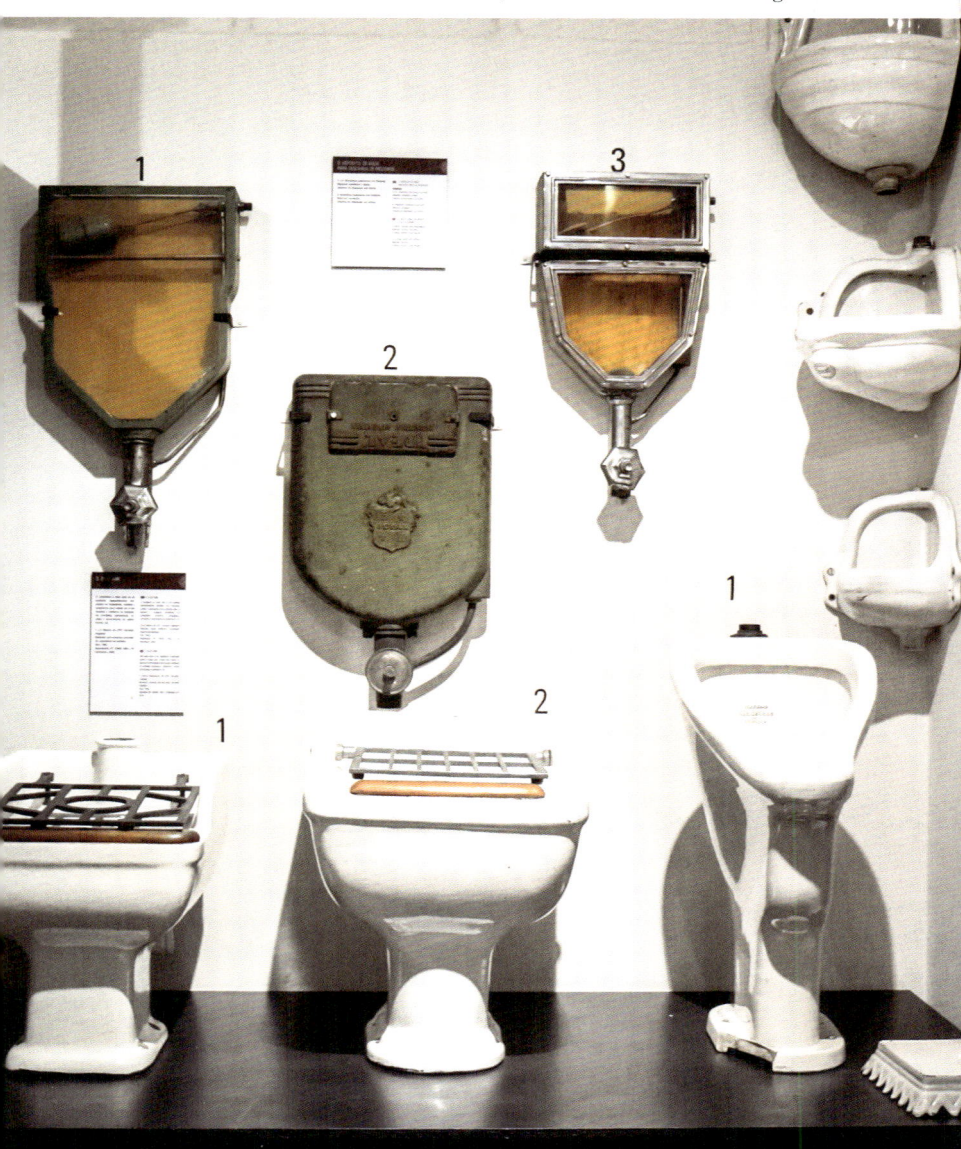

68 Die Nationalbibliothek

Aus der Zeit gefallen

Monumental thront der klotzige Lesesaal der Nationalbibliothek in Recoleta auf seinem schmaleren, nicht viel eleganteren Sockel. Ungeschminkt treten die klaren geometrischen Formen aus grobschlächtigem Stahlbeton hervor und verleihen dem Gebäude besonders nachts ein futuristisches Antlitz.

Es verkörpert auf überwältigende Weise die internationale »brutalistische« Architektur-Bewegung der 1960er Jahre, deren Name vom französischen *béton brut*, roher Beton, stammt. Und daran wurde wahrlich nicht gespart. Nach der Magna Charta dieses Baustils sollten sich Gebäude zudem rein auf ihren Zweck konzentrieren. So hat man in dieser Bibliothek bei der Lektüre einen freien Blick über den Hafen, die Büchersammlung wurde hingegen unter die Erde verbannt.

Ironischerweise war die Blütezeit des Brutalismus längst vorbei, als die Bibliothek 1992 eingeweiht wurde. Bereits Ende der 50er Jahre hatte kein Geringerer als der Schriftsteller Jorge Luis Borges, ihr damaliger Direktor, mit den Planungen für den Neubau begonnen, doch erst 1971 konnte der Grundstein gelegt werden. Der Bau verzögerte sich ständig, bis er während der letzten Militärdiktatur eingestellt wurde. Als es 1982 weiterging, hatten sich die Anforderungen an eine moderne Bibliothek radikal verändert, und es dauerte weitere zehn Jahre bis zu ihrer Fertigstellung.

Damit ist die Bibliothek nicht nur ein gutes Beispiel für den Verzug öffentlicher Bauprojekte in Argentinien, sie ist auch eine Zeugin der bewegten Landesgeschichte: Kurz nach der Unabhängigkeit wurde sie von ihrem Namensgeber Mariano Moreno ins Leben gerufen und beherbergte zunächst den Buchbestand der Jesuiten. Ihr heutiger Standort befindet sich genau dort, wo einst Perón und Evita residierten. Die Fläche wurde frei, als die Militärs 1955 das Präsidentenhaus zerstörten, die Plaza de Mayo bombardierten und schließlich Perón aus dem Amt putschten.

Adresse Agüero 2502, Recoleta, CABA | **ÖPNV** Bus 10, 37, 41, 59, 60, 61, 62, 67, 92, 93, 95, 101, 102, 108, 110, 118, 130 | **Öffnungszeiten** Mo–Fr 9–21 Uhr, Sa, So 12–19 Uhr, allerdings Einlass nur mit Bibliotheksausweis. Öffentliche Führungen auf Spanisch und Englisch Mo und Fr 16 Uhr | **Tipp** Hinter der Bibliothek steht eine Statue von Papst Johannes Paul II., der hier über das Wasser geht. Sie wurde von der polnischen Gemeinschaft der Stadt gestiftet.

69_ Der Orangenhof

Koloniale Oase im Centro Cultural Recoleta

Obwohl Buenos Aires viele schöne Parks hat, sehnt man sich doch manchmal nach einem ruhigen Ort zum Abschalten zwischen all dem Lärm der Stadt. Mitten im pulsierenden Recoleta gibt es eine versteckte Oase im Kolonialstil: Der »Patio de los Naranjos« im »Centro Cultural Recoleta«. Selbst wenn sie teilweise keine Früchte mehr tragen, sind die kleinen Zitrusgewächse in diesem kolonialen Ambiente bezaubernd schön. Sie laden ein, ein gutes Buch mitzubringen und durchzuatmen.

Die rund zwanzig Bäume werden von kalkweißen Wänden und roten Ziegeldächern eingerahmt, die zu einem der ältesten noch erhaltenen Gebäude der Stadt gehören. Ursprünglich war hier ein Kloster von Franziskanermönchen, das 1732 fertiggestellt wurde. Ihnen hat der Stadtteil seinen Namen zu verdanken. Der »Convento de Recoletos Descalzos« baute hier auch die kleine Kirche und den bekannten Friedhof von Recoleta. Da sich die in Spanien geborenen Mönche jedoch nach der Mairevolution 1810 der ersten unabhängigen argentinischen Regierung widersetzten, wurden sie in die abgelegene Provinz Catamarca verbannt. Danach wurde der Komplex wechselnd als Schule, Kaserne, Gefängnis, Altenheim oder Botanischer Garten genutzt.

Der Orangenhof scheint ein Überbleibsel dieser letzten Verwendung zu sein. Man kann ihn jederzeit während der Öffnungszeiten des Kulturzentrums, das hier seit 1980 untergebracht ist, besichtigen. Er ist nach dem Eingang der erste von vier Innenhöfen auf der linken Seite. Wenn man Glück hat, erwischt man die Blütezeit der Orangenbäume, die normalerweise von Februar bis Mai und von Juli bis August geht. Dann duftet der Hof besonders aromatisch.

Auch den anderen drei Patios sollte man einen Besuch abstatten. Der »Patio de la Fuente«, der Brunnenhof, wird öfter auch für Ausstellungen genutzt. Das Kulturzentrum bietet außerdem thematische Führungen zur Geschichte des Gebäudes an.

Adresse Junín 1930, Recoleta, CABA | **ÖPNV** Bus 17, 61, 62, 67, 92, 93, 110, 124, 130 | **Öffnungszeiten** Di – Fr 13.30 – 20.30 Uhr, Sa, So und feiertags 11.30 – 20.30 Uhr, Infos zu den Führungen unter www.centroculturalrecoleta.org | **Tipp** Unweit des Kulturzentrums befindet sich das Kunstmuseum »Museo Nacional de Bellas Artes« (Av. del Libertador 1473, Di – Fr 12.30 – 20.30 Uhr, Sa, So 9.30 – 20.30 Uhr).

70_ Der Palacio Barolo

Dante Alighieri in jedem Winkel

Luis Barolo war ein progressiver Denker und erfolgreicher Geschäftsmann, der 1890 aus Italien nach Buenos Aires kam. Nach dem Ersten Weltkrieg rechnete er mit dem völligen Untergang der europäischen Kultur. Gemeinsam mit seinem Landsmann Mario Palanti, einem renommierten Architekten, wollte er ihr daher ein Denkmal setzen. Sie entwarfen den »Palacio Barolo«, ein bahnbrechendes Bürogebäude.

Als Italiener hatten sie vor allem Sorge, Dante Alighieris »Göttliche Komödie« könnte unter den Trümmern eines neuen Krieges aus den Köpfen der Menschen verschwinden. So versahen sie das Bauwerk an der Avenida de Mayo mit zahlreichen Referenzen zur »Divina Commedia«. Es ist, wie die Komödie, in drei Abschnitte eingeteilt: die Hölle, das Fegefeuer und das Paradies. Die neun Zugänge repräsentieren die neun Höllenkreise, der Leuchtturm in der Turmspitze die Engelschöre. Die Gesamthöhe des Gebäudes von 100 Metern entspricht den hundert Gesängen in Dantes Werk, die 22 Stockwerke den 22 Strophen. Architektonisch vereint das Gebäude neogotische und romantische Elemente. Die Kuppel ist von einem Hindu-Tempel inspiriert und symbolisiert die Vereinigung von Dante und seiner verstorbenen Geliebten. Und das sind nur die offensichtlichen Details, es gibt noch etliche metaphorische Finessen rund um den Prachtbau, die sich auf Dante beziehen. Eröffnet wurde der Palacio Barolo, wen überrascht es, 1923 am Geburtstag des Dichters.

Neben elf offiziellen Aufzügen ist das Gebäude zusätzlich mit zwei geheimen Lifts ausgestattet. Barolo nutzte sie, um von den Mietern unbehelligt in seine Büros im ersten und zweiten Stock zu gelangen. Das Licht des Leuchtturms kann man angeblich von Uruguay aus sehen. Dort steht in Montevideo ein bekannter Zwilling des Palacio Barolo. Vom selben Architekten kurze Zeit später erbaut, wurde der dortige »Palacio Salvo« zum wichtigsten Wahrzeichen der uruguayischen Hauptstadt.

Adresse Av. de Mayo 1370, Monserrat, CABA | **ÖPNV** Subte A, Haltestellen Sáenz Peña; Bus 8, 23, 39, 56, 60, 64, 86, 102, 105, 151, 168 | **Öffnungszeiten** Mo – Fr 13 – 20 Uhr, Tag- und Nachttouren inkl. 360-Grad-Ausblick über die Stadt: www.palaciobarolotours.com.ar | **Tipp** Auf dem ein *cuadra* entfernten Vorplatz des Kongressgebäudes befindet sich der Monolith, von dem aus alle Kilometerangaben in Argentinien berechnet werden. Er wird von der Schutzpatronin der Straßen Nuestra Señora de Luján bewacht.

71__Die Panamericana

Von Alaska bis Feuerland über Buenos Aires

Mit dem VW-Bus auf der Panamericana von Alaska bis nach Feuerland – das ist seit Jahrzehnten der Traum vieler Roadtrip-Abenteurer dieser Erde. Doch wenn man's genau nimmt, ist das unmöglich. Zum einen, weil die Panamericana zwischen Panama und Kolumbien ungefähr neunzig Kilometer unterbrochen ist. Der Urwald ist dort so unwägbar, dass man unweigerlich aufs Wasser oder in die Luft ausweichen muss. Zum anderen erstreckt sich die berühmteste Autobahn der Welt offiziell nur von Buenos Aires bis nach Mexiko. Alle anderen Teile des Straßennetzes, wie beispielsweise der Alaska Highway, der landläufig auch als Panamericana bezeichnet wird, sind aus touristischen Gründen inoffiziell hinzugefügt worden.

Viele *porteños* wissen nicht, dass der 17-spurige Highway, der im Norden von Buenos Aires von der Ringautobahn General Paz abgeht, tatsächlich *die* Panamericana ist. Die meisten vermuten, es sei nur ihr Spitzname angesichts ihrer Breite. Doch die *Ruta 9*, wie sie im nationalen Straßennetz heißt, ist der offizielle Beginn der kontinentübergreifenden Schnellstraße, die von den Amerikanischen Staaten 1923 ins Leben gerufen wurde. Wer von hier aus immer geradeaus fährt, erreicht – 14 Staaten, eine Fährfahrt und verschiedenste Höhenlagen und Klimazonen später – Mexiko. Eine Straßenkarte sollte man jedoch parat haben, denn einheitlich beschildert ist die Panamericana nicht.

Mit ihren 25.750 Kilometern in der längsten Nord-Süd-Verbindung ist sie die Hauptschlagader Amerikas. Diese Dimensionen spiegelt auch der Streckenabschnitt in Buenos Aires wider: Die Panamericana ist hier gesäumt von den größten Shoppingcentern, Kinos, Stundenhotels und Steakhäusern. Zudem verlassen alle Langstreckenbusse, die nach Zentral- oder Nordargentinien fahren, die Stadt über die Panamericana. Die weiteste Busverbindung, die man in Argentinien buchen kann, reicht übrigens bis nach Lima in Peru.

Adresse Autopista Pascual Palazzo, Ruta 9, ab Av. General Paz in Vicente López, Provincia | **ÖPNV** Zum Beispiel haben die Busse 15, 60, 228 und 430 Teilstrecken auf der Panamericana. | **Tipp** Für die hartgesottenen Shopping-Fans: Das Unicenter in der Nähe der Panamericana ist die größte Mall Argentiniens und gehört zu den zehn größten Südamerikas (Av. Paraná 3745, Martínez, Provincia).

72_ Der Parque Avellaneda

Geschichte und Kultur im schönsten Park der Stadt

Die Geschichte des »Parque Avellaneda« beginnt mit einer Nonnengemeinschaft, die hier im 17. Jahrhundert, zehn Kilometer von der Plaza de Mayo entfernt, ein Waisenhaus und einen Heilkräutergarten betrieb. Dieser brachte dem Gelände den Namen *Chacra de los Remedios* ein (»Heilmittel-Hof«). Im Zuge einer Kirchenreform wurde das Areal in den 1820er Jahren konfisziert und an die Familie Olivera verkauft. Diese errichtete ein unabhängiges Forschungslabor für Landwirtschaft und eine wunderschöne eklektische Villa. 1912 verkaufte sie das Landgut an die Stadt, die es schließlich zu einem öffentlichen Park erklärte.

Als das soziale Leben während der letzten Diktatur zum Erliegen kam, verwahrloste das Gelände zusehends. Nach der Rückkehr zur Demokratie in den 80er Jahren brachten die Menschen aus der Nachbarschaft den Park wieder in Schuss. Seither werden seine Geschicke von einer beispiellosen Kommission aus Staat und Zivilgesellschaft gelenkt.

Weitab von den Pfaden der Touristen ist der heute noch 26 Hektar große Parque Avellaneda die wohl schönste Grünfläche der Stadt. Hier kann man nicht nur auf den weitläufigen Wiesen die Natur genießen, auch die geschichtsträchtigen Gebäude sind die Reise wert. Seit Kurzem ist der historische Kinderzug wieder in Betrieb, der früher durch den Zoo in Palermo fuhr. Besonders sehenswert ist das alte Schwimmbad im Art-nouveau-Stil. 1923 gebaut, war es das erste öffentliche Bad in Buenos Aires. Heute nutzen die Schüler der Mittelschule »Ernesto Che Guevara« das gekachelte Becken als Pausenhof.

In den restlichen Gebäuden entstand das Kunst- und Kulturzentrum Chacra de los Remedios, in dem über zwanzig regelmäßig stattfindende Workshops angeboten werden. Jedes Wochenende finden Aufführungen unter freiem Himmel statt, die Olivera-Villa beherbergt ein Zentrum für zeitgenössische Kunst.

Adresse Parque Presidente Nicolás Avellaneda, Av. Directorio, Ecke Av. Lacarra, Parque Avellaneda, CABA | **ÖPNV** Subte E, Haltestelle Plaza de los Virreyes, dann ca. 10 Minuten zu Fuß; Bus 4, 5, 7, 36, 46, 49, 50, 55, 56, 86, 88, 92, 97, 103, 104, 107, 114, 126, 141, 155, 180, 182 | **Öffnungszeiten** täglich tagsüber, Veranstaltungen des Kulturzentrums vor allem am Wochenende, Infos unter www.facebook.com/chacra.remedios | **Tipp** Mit einem Besuch der »Feria de Mataderos« (Ort 32) oder des Geheimgefängnisses »Ex CCDTyE Olimpo« (Ort 30) verbinden, die ebenfalls etwas außerhalb des Zentrums liegen.

73 Parque Chas

Klein, jung, verwirrend

Als ehemalige spanische Kolonie ist Buenos Aires im typischen Schachbrettmuster angelegt. Der Stadtteil Parque Chas im Nordwesten von *capital* weicht von diesem Muster aber so sehr ab, dass er gemeinhin als Taxifahrer-Albtraum gilt. Er ist in konzentrischen Kreisen angelegt, die von ein paar Querverbindungen geteilt werden. Wer reinfährt, findet nur schwer wieder hinaus, denn für den auf *cuadras* gepolten Orientierungssinn der *porteños* ist diese Abweichung von der Norm eine ganz schöne Herausforderung. Selbst den Anwohnern dieses Labyrinthes fällt es schwer, hier Wege zu erklären. Wer sich auf einen Spaziergang durch das pittoreske *barrio* begibt, kann sich jedoch an einer Faustregel orientieren: Die endlosen Kreisstraßen sind nach europäischen Städten wie London, Berlin und Cádiz benannt. Die, die aus dem Irrgarten hinausführen, haben Personennamen.

Die Schuld an der Orientierungs-Misere trägt die Familie Chas, nach der das Viertel benannt ist. Die Großgrundbesitzer verfügten über mehrere Ländereien rund um das alte Stadtzentrum. Ein Sohn dritter Generation wollte um 1925 eines der Areale verkaufen. Um das neue Viertel attraktiver zu gestalten, teilte er es wie üblich in Parzellen auf, legte die Karrees allerdings in diesen unüblichen Kreisen an. »Einzigartig in Südamerika« lautete sein Werbespruch.

Einige Jahre gehörte Parque Chas zum Stadtteil Agronomía. Erst 2005 wurde er mit seinen 1,4 Quadratkilometern wieder eigenständig. Damit ist es nicht nur das außergewöhnlichste, sondern auch das jüngste und kleinste der 48 *barrios* von Buenos Aires. Seine einmalige Form und Geschichte haben eine besondere Stadtteil-Identität entstehen lassen. In einem Privathaus befindet sich das selbst organisierte Nachbarschaftszentrum »Puerta de los Gatos«, und zum neunzigjährigen Bestehen des Labyrinthes im Jahr 2015 veranstalteten die Anwohner mehrere Straßenfestivals. Sie sind stolz auf ihre Außenseiterrolle.

Adresse zwischen Av. Triunvirato, Av. de los Incas, Andonaegui und La Pampa, Parque Chas, CABA | **ÖPNV** Subte B, Haltestelle De Los Incas – Parque Chas; Bus 80, 87, 108, 111, 123, 127 | **Öffnungszeiten** Von Veranstaltungen im Viertel erfährt man hier: www.facebook.com/ParqueChasWeb | **Tipp** Ein Besuch im Parque Chas lässt sich fußläufig gut mit einem Ausflug zur Agrarfakultät verbinden (Ort 3).

74_ Die Pasaje Lanín

Ein Künstler mischt seine Straße auf

Als der Künstler Marino Santa María im Jahr 2001 sein eigenes Haus abstrakt bemalte, inspirierte ihn das zu mehr. Er fotografierte die benachbarten Häuser und gestaltete zunächst nur digital auch ihre Fassaden neu. Als er die digitale Idee zur analogen Wirklichkeit werden lassen wollte, waren die Bewohner anfangs skeptisch, lange musste der Künstler um ihre Zustimmung werben. Kaum zu glauben, denn heute sind alle Anwohner stolz auf ihre ruhige Straße Pasaje Lanín: 40 von 43 Häusern erstrahlen in kräftigen Farben. Die Mauerwerke werden nun von einem Zusammenspiel verschiedener Primärfarben dominiert, stets im Einklang mit dem ursprünglichen Stil der Hausfassade.

Er wolle weder ein Freilichtmuseum schaffen noch eine überlaufene Fußgängerzone wie etwa den touristischen Caminito in La Boca, betonte Santa María, als er am 19. April 2001 das Projekt der bemalten Häuserfassaden mit einem Straßenfest ins Leben rief. Ihm schwebte ein großes Kunstwerk vor, das sich stetig wandelt und weiterentwickelt.

Er nahm sich selbst beim Wort und führte das Projekt 2005 in die nächste Phase, indem er venezianische Mosaikfliesen auf das Mauerwerk setzte, ohne dabei die anfängliche Form- und Farbgestaltung der Kunstwerke zu verändern. Die Fusion aus Hundertwasser und Gaudí, die dabei entstanden ist, will der plastische Künstler nicht leugnen. Bei einem Spaziergang durch die Pasaje Lanín findet man Marino in seinem Atelier in der Hausnummer 33. Die Tür steht stets weit offen. Hier stellt er seine Werke aus und berichtet gerne über das Kunstprojekt. Außerdem bietet er Workshops zum Malen oder Mosaiklegen an.

Die Pasaje Lanín soll die Kunst mit dem alltäglichen Leben verbinden und somit für alle Menschen zugänglich machen. Auch ohne einen Besuch im Museum. Dieses Ziel hat Marino erreicht. Man muss sie nur aufspüren im Stadtteil Barracas, wo sie sich zwischen Gleisen und Autobahn versteckt.

Adresse Lanín 1-200, Barracas, CABA, www.marinosantamaria.com | **ÖPNV** Bus 25, 45, 51, 79, 95, 100, 134, 148, 195 | **Tipp** Entlang der Mauer der Eisenbahn erstreckt sich »Huellas del Aire«, eine weitere Installation dieses Künstlers.

75_ Die Pasaje Rivarola
Die gespiegelte Straße

Sobald man die Pasaje Rodolfo Rivarola betritt, erscheint auf dem gegenüberliegenden Gehsteig der eigene Klon. Verlässt man sie am anderen Ende, verschwindet er wieder. So zumindest besagt es die Legende über diese knapp 100 Meter kurze Straße im Stadtzentrum. Es ist, als hätte jemand einen Spiegel in ihrer Mitte aufgestellt. Auf jeder Seite stehen vier Gebäude mit jeweils drei Wohnungen auf fünf Etagen. Sie bilden eine exakt identische und lückenlose Front von einem zum anderen Straßenende. Alle vier Eckgebäude werden von Aussichtskuppeln überspannt. Die Eingangstüren, die Verzierungen an den Balkongeländern, die Details an der Fassade: Wirklich alles ist hier spiegelbildlich.

Diese Symmetrie-Besessenheit stammt aus dem bis heute existierenden Architekturbüro Petersen, Thiele y Cruz. Es hat im Auftrag einer Versicherungsfirma die Gebäude, Straße und Trottoir zwischen 1924 und 1926 gebaut. Der Stil ist, typisch für die damalige Zeit, inspiriert durch die Pariser Architektur. Der besondere Charme dieser Pasaje, wie Straßen genannt werden, die nur eine *cuadra* lang sind, macht sie zu einer Oase, die nichts mit dem lärmenden Chaos zu tun hat, welches sie umgibt. Besonders viele Intellektuelle haben sich hier niedergelassen. Jedoch nur solche, die sich die überdurchschnittlich hohe Miete leisten können. Der Hauch von Bürgerlichkeit, der durch die Passage weht, hat ihr schon zu diversen Auftritten in Kino- und Werbefilmen verholfen.

Die charakteristische Uhr an der Hausnummer 134 passt perfekt zur Ästhetik der Straße. Sie verzierte jahrzehntelang das Uhrengeschäft »Casa Raab«. Doch seit dem Tod des Eigentümers Miguel Raab steht sie still. Dieser widmete sich nur Uhren, die in den 50er Jahren oder früher gefertigt wurden.

Wäre Harry Potter in Buenos Aires gedreht worden, Raabs Lokal wäre die perfekte Kulisse für Ollivanders Fachgeschäft für Zauberstäbe gewesen.

Adresse zwischen Gral. Juan Domingo Perón und Bartolomé Mitre jeweils Höhe 1300, San Nicolás, CABA | **ÖPNV** Subte A, Haltestelle Sáenz Peña, Subte B, Haltestelle Uruguay; Bus 6, 7, 9, 10, 17, 24, 26, 29, 45, 50, 59, 67, 70, 100, 111, 146, 180 | **Tipp** In Hausnummer 147 befindet sich das feministische Frauenmuseum, das sich der Kultur- und Kunstgeschichte der Frauen widmet (Di und Sa 15 – 20 Uhr).

76 Das Philosophikum der UBA

Über und über Trotzki, Lenin und Marx

Wer die aufregenden Zeiten der 68er-Bewegung (noch mal) erleben möchte, der sollte ein Semester an der Philosophischen Fakultät der Universität von Buenos Aires studieren. Selbst ein Rundgang durch das Gebäude im Viertel Caballito oder ein Mittagessen in einem der studentischen Cafés in der Umgebung geben einen anregenden Einblick in das Flair der wohl politisiertesten Fakultät Argentiniens.

Die »Facultad de Filosofía y Letras« befindet sich in den Räumlichkeiten einer ehemaligen Tabakfabrik. Die Geschichte ist Programm: Rauchen ist selbst in den Aulas gestattet und der Konsum von Marihuana im Innenhof geduldet. Die Gänge und Hörsäle sind wild zugekleistert mit Hunderten Plakaten und Bannern der verschiedenen politischen Gruppierungen. Es gibt so viele studentische Parteien und Bewegungen, dass man ein ganzes Studium braucht, um sich in den Nuancen der politischen Anliegen zurechtzufinden. Immer wieder werden für öffentliche Vorlesungen, clases públicas, die Stühle aus dem Hörsaal in den Innenhof oder sogar auf die Straße geschleppt. Bildung soll schließlich für alle zugänglich sein! Der »normale« Unterricht fällt allerdings immer wieder aufgrund von Protesten und Hörsaal-Besetzungen aus, in manchen Semestern sogar öfter, als er stattfindet. Um ihren Forderungen, zum Beispiel nach einer Mensa, Nachdruck zu verleihen, entzünden die Studierenden schon mal ein Feuer im Innenhof. Wenn sich die Besetzungen erneut über Wochen hinziehen, verlegen manche Dozenten den Unterricht zu sich nach Hause.

Trotz (oder gerade wegen?) dieser revolutionären Zustände ist das Niveau der Lehre an der Fakultät sehr hoch. Der Arbeitsaufwand für die Studierenden ist kaum mit geisteswissenschaftlichen Studiengängen in Europa vergleichbar. Nicht selten müssen sie, je nach Disziplin, ein bis fünf Bücher in der Woche lesen, vorausgesetzt, die Seminare finden statt.

Adresse Puán 480, Caballito, CABA | ÖPNV Subte A, Haltestelle Puán; Bus 1, 2, 5, 8, 25, 26, 36, 44, 49, 53, 55, 76, 85, 86, 88, 96, 103, 104, 126, 132, 133, 134, 136, 141, 153, 163, 180 | Öffnungszeiten Mo–Fr 10–23 Uhr | Tipp Ein unter den Studenten beliebtes kleines Restaurant ist »El Complice« (Puán 380).

77_ Die Plaza de Mayo

Von Palmen, Enten und einem fehlenden Kirchturm

Wohl kaum jemand kommt nach Buenos Aires, ohne der Plaza de Mayo einen Besuch abzustatten. Sie ist das politische und historische Zentrum Argentiniens. Cabildo, Casa Rosada, Nationalbank und Hauptkathedrale: Hier reiht sich ein Macht-Bau an den anderen. Auf dem ältesten Platz des Landes ballen sich unzählige kuriose Geschichten, die man in keinem Stadtführer findet. Hier sind ein paar davon:

Die Plaza war ab 1610 auch als Sportplatz beliebt. Beim traditionellen *Pato*-Spiel versuchten zwei berittene Mannschaften, eine lebende Ente zu erobern. Heute ist der dem Polo ähnliche Wettkampf zum Nationalsport geworden, allerdings kommt heute eine Lederente zum Einsatz.

Die Palmen, die den Platz zieren, kamen Ende des 19. Jahrhunderts aus Río de Janeiro. Es entbrannte eine hitzige Debatte in der Stadt, ob sie das Klima in Buenos Aires wohl überleben. Über 100 Jahre sind seither vergangen, und die Optimisten sollten recht behalten. Lediglich die Wirtschaftskrise 2001 setzte ihnen zu, als einige der Pflanzen von wütenden Demonstranten angezündet wurden.

Die weiße Pyramide in der Mitte war ursprünglich halb so groß. Als sie 1811 zum ersten Jahrestag der Unabhängigkeit errichtet wurde, maß sie gerade einmal 15 Meter. Zu wenig für ein Freiheitssymbol, befand man vierzig Jahre später und setzte den neuen Teil mit der Frauenfigur einfach obendrauf.

Unter dieser Pyramide protestierten die »Madres de la Plaza de Mayo« während der Militärdiktatur gegen das Verschwinden ihrer Kinder. 1977 teilte ihnen ein Polizist mit, sie könnten hier nicht stehen bleiben. Den Platzverweis nahmen die *Madres* wörtlich und zirkulierten fortan um das Denkmal. Der aufgemalte Kreis mit den charakteristischen Kopftuch-Symbolen steht für ihren Kampf und ihre legendären Zirkelläufe.

Und zu guter Letzt: Die Kathedrale hatte einst einen Turm. Sein Stumpf steht links neben dem Eingang. Also, Augen auf!

Adresse Plaza de Mayo, zwischen Av. Rivadavia, Bolívar, Hipólito Yrigoyen und Balcarce, Monserrat, CABA | **ÖPNV** Subte A, Haltestelle Plaza de Mayo, Subte D, Haltestelle Catedral, Subte E, Haltestelle Bolívar; Bus 22, 24, 28, 29, 56, 61, 62, 64, 74, 86, 91, 105, 111, 126, 130, 143, 152, 159, 195 | **Tipp** In diesem Buch werden noch drei weitere kuriose Orte rund um die Plaza de Mayo (Orte 9, 28, 50) vorgestellt.

78 Die Plaza Pappo

Ein Denkmal für Mr. Cheese

Dem ehemaligen Präsidenten Roque Sáenz Peña (1851–1914) sind unzählige Straßen, Denkmäler und Plätze in und um Buenos Aires gewidmet. Da würde es auf diese eine *Plaza* in Villa Mitre doch nicht ankommen, oder? Seit hier ein Monument für den verstorbenen Rockgitarristen Norberto Napolitano errichtet wurde, kämpfen seine Anhänger darum, diese Grünfläche in »Plaza Pappo« umzubenennen. Die Schilder haben sie vorsorglich schon mal übersprüht.

Alle kannten den Mann mit den langen Haaren und dem markanten Kinn nur unter »Pappo«, die Kurzform von *El Carpo*, das Handgelenk. Seine virtuosen Fähigkeiten, den Gitarren nie gehörte Töne zu entlocken, brachten ihm diesen Spitznamen ein. Pappo gilt als Mitbegründer des Rock Nacional und des Blues Argentino in den 1960er Jahren. Zudem war er der Erste, der den Heavy Metal nach Argentinien brachte. Im Laufe seiner Karriere spielte er in mehreren Bands, am bekanntesten wurden »Pappo's Blues«, die insgesamt neun Studioalben aufnahmen.

Gitarren waren die Liebe seines Lebens. Kein Wunder, dass ihn das Monument zu seinen Ehren mit einer Gitarre zeigt und der Sockel mit Hunderten seiner Plektren verziert ist. Auf einer Plakette steht seine berühmte Textzeile: »Wenn du die Liebkosungen meiner Hände und die Wärme meines Körpers nicht mehr spürst, Gitarre … dann wirst du weinen!«. Finanziert haben das Denkmal argentinische Bands wie »Los Piojos« und »Almafuerte«. Aber auch international hatte er Bewunderer, darunter sogar Blues-Legende B. B. King, der ihn nur »Mr. Cheese« nannte. »King« konnte nie vergessen, dass ihm Pappo beim ersten Zusammentreffen einen Käse geschenkt hatte.

Am 25. Februar 2015 stürzte der Musiker auf seiner Harley Davidson bei Luján und wurde von einem entgegenkommenden Auto überfahren. Eine singende und jubelnde Karawane von Fans und Motorradfahrern begleitete seinen Trauerzug zum Friedhof in Chacarita (siehe Ort 38).

Adresse Plaza Roque Sáenz Peña, Juan B. Justo, Ecke Andrés Lamas, Villa General Mitre, CABA | **ÖPNV** Subte A, Haltestelle Carabobo, weiter mit Bus 113, oder Zug Linie »San Martín« aus Retiro über Palermo, Haltestelle La Paternal, weiter mit Bus 44; Bus 34, 44, 110, 113, 166 | **Öffnungszeiten** immer geöffnet | **Tipp** Fußballfans sollten sich das vier *cuadras* entfernte Stadion »Diego Armando Maradona« der »Argentino Juniors« ansehen (Av. Boyacá und San Blas). Hier absolvierte Maradona 1976 sein erstes Profispiel.

79 Die Puente de los Carros

Inspiration, Symbol und Kulisse

Anfang des 20. Jahrhunderts kursierte in Buenos Aires der Irrglaube, der Dampf der Eisenbahnen wäre gut gegen Atembeschwerden. Diese Brücke, genau auf der Grenze zwischen Constitución und Barracas, soll ein beliebtes Ziel für Eltern gewesen sein, die ihre erkrankten Kinder hier über das Geländer hielten, wenn darunter die Loks herratterten. Aber nicht nur dank dieser angeblichen Luftkurfunktion ist die Brücke zum heimlichen Wahrzeichen dieser beiden Viertel geworden. Im Jahr 1927 errichtet, ist die Konstruktion ein besonders schönes Exemplar der Eisenbahnarchitektur aus Liverpool. Mehrere solide Stahlträger geben der Brücke eine Art Tunnelform. Zuvor hatte es über den Gleisen, die noch heute den Kopfbahnhof Constitución mit den südlichen Vororten verbinden, nur einen provisorischen Übergang gegeben. Nun konnten Autos und eine Straßenbahn passieren, was ihr den schlichten Spitznamen »Puente de los Carros« einbrachte.

Ein besonders prominenter Fan widmete ihr sogar die Eingangszeile eines Gedichtes. In »Mateo XXV, 30« schreibt Jorge Luis Borges: »Die erste Brücke von Constitución, und zu meinen Füßen das Dröhnen der Züge und Eisenbahnlabyrinthe. Rauch und das Pfeifen der Lokomotiven stiegen die Nacht hinan, die plötzlich zum Jüngsten Gericht wurde.« Der Schriftsteller liebte es, durch die abgelegenen Gegenden seiner Heimatstadt zu schlendern, wobei er diese verborgene Brücke des Öfteren aufsuchte.

Abgesehen von einigen Schmierereien ist die Puente de los Carros auch fast 100 Jahre später noch ansehnlich wie am ersten Tag. Das in Halbkreisen angeordnete Kopfsteinpflaster ist ebenso erhalten wie die darin eingelassenen Gleise der einstigen Tram. Als 2009 Teile der Brücke abgebaut werden sollten, protestierten einige Anwohner, sodass sie schließlich unter Denkmalschutz gestellt wurde. Immer wieder taucht die Brücke als Kulisse in Kino- und Werbefilmen auf.

Adresse Ituzaingó zwischen Paracas und Guanahani, Barracas und Constitución, CABA | **ÖPNV** Subte C, Haltestelle Constitución; Bus 25, 45, 51, 79, 95, 100, 102, 134, 148, 154, 168, 195 | **Tipp** Man sollte es nicht verpassen, ein Foto von dem alten Tango-Lokal zu schießen, das an der Ecke auf der Guanahani kurz vor dem endgültigen Zusammenbruch steht. Was muss hier für eine tolle Atmosphäre geherrscht haben!

80 Die Quinta Los Ombúes

400 Jahre Schickeria

Das Ambiente dieses malerischen Landhauses hat nichts mit dem Buenos Aires gemein, in dem man sich für gewöhnlich aufhält. Es liegt, umgeben von einem romantischen Park, auf einer Anhöhe in San Isidro, mit einem traumhaften Blick über den Río de la Plata. Ein Besuch der »Quinta Los Ombúes« ist der krasse Kontrast zu La Boca oder dem »Conventillo de la Paloma« (Ort 24). Während im Zentrum und im Hafen zunächst Sklaven aus Afrika und später Einwanderer aus Europa schufteten, genossen hier Generationen von Großgrundbesitzern, Politikern und Geschäftsleuten ihr üppiges Leben.

Alles begann damit, dass der spanische Seefahrer und Kolonisator Juan de Garay das Gebiet am Nordufer des Flusses unter seinem Gefolge aufteilte. Nachdem er 1580 Buenos Aires zum zweiten Mal gegründet hatte, zog er auf der Karte mit dem Lineal kerzengerade Rechtecke vom Flussufer ins Landesinnere. Diese Quinta steht auf Parzelle 57. In den dann folgenden 400 Jahren gab sich hier die Schickeria von Buenos Aires die Klinke in die Hand. Das Grundstück wechselte zigmal seinen Besitzer, das erste Haus wurde Mitte des 18. Jahrhunderts errichtet. Größen der argentinischen Geschichte wie José de San Martín, Juan Martín de Pueyrredón und Manuel Belgrano gingen hier ein und aus.

Der letzte Eigentümer der Quinta wurde die Familie Beccar Varela, die sie im Jahr 1881 erwarb. Gemäß der Mode der Zeit gestaltete 1925 einer der Erben den Innenhof zu einem mediterranen Patio mit Säulen und andalusischen Kacheln um. In seinem Testament vermachte er die Quinta der Gemeinde, sobald sein letztes Kind versterben würde. Im Jahr 2005 war es so weit: Die Gemeinde San Isidro restaurierte die Villa und eröffnete ein Museum. Nirgendwo besser kann man heute die Geschichte der Reichen und Mächtigen von Buenos Aires erleben. An einer der Wände ist eine Kopie der Karte mit den Parzellen von Juan de Garay zu finden.

Adresse Beccar Varela 774, San Isidro, Provincia | **ÖPNV** Zug Linie »Mitre« aus Retiro Richtung Mitre, Haltestelle Olivos, dann Umstieg in den Tren de la Costa, Haltestelle San Isidro, oder Zug Linie »Mitre« aus Retiro Richtung Tigre, Haltestelle San Isidro, Fußweg Richtung Fluss ca. 10 min.; Bus 168 Richtung San Isidro | **Öffnungszeiten** April–Okt. Di, Do 10–18 Uhr, Sa, So 14–18 Uhr, Nov.–März Di, Do 10–18 Uhr, Sa, So 15–19 Uhr, einmal im Monat Führung durch die Gartenanlage | **Tipp** Gleich hinter der Quinta steht eine eindrucksvolle Kirche aus dem Jahr 1898, auf deren Vorplatz jedes Wochenende ein Kunsthandwerkermarkt stattfindet.

81 Regazzonis Atelier
Im Reich des Eisenbahn-Exzentrikers

Seit Carlos Regazzoni in den 1980er Jahren diese drei Schuppen auf dem Gelände des Bahnhofs Retiro besetzt hat, zieht sich die Eisenbahn als zentrales Thema durch sein extravagantes Werk. Eine Zeit lang kreierte er aus Eisenbahnschrott vor allem monströse Insekten. Aber auch als Maler bringt er Lokomotiven und Schienen in den verrücktesten Formen auf die Leinwand. Ganz in der egozentrischen Manier Salvador Dalís hält sich Regazzoni selbst für einen ganz Großen, für einen Künstler, der aus dem Abfall der industriellen Revolution Kunst schafft, die die Gesellschaft verändert.

Und auch wenn Regazzoni vom Weltruhm Dalís weit entfernt ist, so ist das Werk des Bildhauers mit den wirren grauen Locken doch beeindruckend. Der Durchbruch in der alternativen Kunstszene gelang ihm 1991, als ein französischer Filmemacher über ihn berichtete. Er reiste mehrfach nach Paris und stellte fortan immer häufiger in Argentinien aus. Eines seiner Gemälde schaffte es ins MALBA in Buenos Aires.

Auf den ersten Blick ist sein Atelier kein einladender Ort. Beim Betreten des Geländes vermutet man sich zunächst auf einem Schrottplatz. Erst langsam kristallisiert sich zwischen Pfützen und Alteisen die Kunst heraus. Im »Habitat der alten Katze«, wie er sein Reich nennt, lebt, schafft, denkt, isst und feiert Regazzoni. Sein Schlafgemach ist ein alter Waggon. Außerdem betreibt er ein Restaurant, in dem er »Eisenbahngerichte« anbietet. Seine Spezialität: Wildschwein in Rotweinsoße. Jedes Wochenende wartet er dort mit Livemusikern auf. Ein Wein-Abend auf diesem Planeten umgeben von industriellem Esprit gehört zu den unvergesslichen Erlebnissen eines Buenos-Aires-Aufenthalts.

Das Atelier kann aber auch jederzeit tagsüber besichtigt werden. Und mehr noch: Jeder Newcomer kann hier ohne zu fragen seine Bilder ausstellen. Er hat ein paar gute Prinzipien, der manchmal etwas selbstgefällige Regazzoni.

Adresse Av. del Libertador, Höhe Suipacha, Retiro, CABA | **ÖPNV** Zug Linie »Mitre«, »Belgrano Norte« und »San Martín« sowie Subte C, Haltestelle Retiro, dann zu Fuß an der Av. Libertador entlang, parallel zu den Gleisen, bis zur ersten Abzweigung (Eingang links vom »Museo Nacional Ferroviario«). Bus 17, 61, 62, 67, 92, 93, 110, 124, 130 | **Öffnungszeiten** Kneipe mit Livemusik jeden Do, Fr und Sa ab 21 Uhr | **Tipp** Eine gute Ergänzung ist das »Museo Nacional Ferroviario« mit seinen alten Waggons, Dampfloks und antiken Bahngegenständen (Av. del Libertador 405, Mo–So 10–18 Uhr).

82 Die Reserva Costanera Norte

Vergessene Flussoase auf künstlichem Fundament

Um Platz für einen neuen Uni-Campus zu schaffen, wurde in den 60er Jahren Land am Ufer des Río de la Plata aufgeschüttet. Dabei entstand auch diese rund 18 Hektar große Halbinsel auf der Höhe von Nuñez – und blieb unbebaut. Über die Jahre eroberte sich die Natur das Gebiet zurück, da der Fluss Samen anschwemmte. Weiden und Erlen schlugen ihre Wurzeln, Vögel siedelten sich an, und es bildete sich eine Lagune mit Schildkröten. Eine völlig unbeachtete natürliche Flussoase auf künstlichem Fundament entstand. Lediglich eine Gruppe Homosexueller ließ sich hier in den 1980er Jahren nieder, um sich vor Ausgrenzung und Gewalt zu schützen. Die als »Villa Gay« bezeichnete informelle Siedlung wurde später von obdachlosen Familien übernommen und 2006 geräumt, als hier im Zuge eines größeren Bauprojektes ein Naturpark entstehen sollte.

Nahezu heimlich rollten die Bagger an und begannen große Betonplatten auf der Halbinsel zu verlegen. Als Umweltschützer die Baustelle entdeckten, waren bereits große Teile des Waldes durch Beton ersetzt. Auf Druck der Öffentlichkeit wurde der Bau gestoppt und die Halbinsel unter Naturschutz gestellt. Das 2012 erlassene Gesetz schreibt Maßnahmen zum weiteren Erhalt der »Reserva Costanera Norte« vor. Doch seither hat sich nichts getan, da sich die Stadt und die Universität, der das Grundstück gehört, nicht einigen konnten. Dabei müsste dringend verhindert werden, dass die Lagune austrocknet oder die Vögel hier weiter illegal gejagt werden.

Bis die Verantwortlichen ihrer Aufgabe nachkommen, versuchen engagierte Bürger die *Reserva* mit Leben zu füllen. Sie organisieren Lesungen und musikalische Spaziergänge durch den wunderschönen und ruhigen Wald. Es ist faszinierend zu beobachten, wie die Natur die Hoheit über den Beton gewinnt. Gras und Büsche drücken sich zwischen den Platten hervor: wahrlich eine vergessene Oase!

Adresse Ufer hinter der Ciudad Universitaria, Nuñez, CABA | **ÖPNV** Zug Linie »Belgrano Norte« aus Retiro, Haltestelle Ciudad Universitaria, weiter zu Fuß, auf das Universitätsgelände; Bus 28, 33, 37, 42, 45, 107, 160, Zugang hinter dem süd-östlichen Fakultätsgebäude, links an der Kläranlage vorbei | **Öffnungszeiten** immer geöffnet, nachts eher meiden. Infos zu Veranstaltungen auf der Facebook-Seite der Amigos de Costanera Norte. | **Tipp** Ein Besuch des Reservats lässt sich gut mit einem Rundgang durch das Ökodorf Velatropa verbinden (Ort 109).

83__ Die Retiro-Bahnhöfe
Die drei Musketiere des Vorstadtverkehrs

Fragt man in Buenos Aires nach dem Hauptbahnhof, kann es sein, dass man sechs verschiedene Antworten bekommt. Je nachdem, in welche Richtung des Großraums man fahren möchte, gibt es eine entsprechende Zuglinie mit eigenem Bahnhof. Neben Constitución, Once und Lacroze ist Retiro der wichtigste Transport-Hub der Stadt. Hier stehen gleich drei Bahnhöfe nebeneinander.

Den ältesten und größten von ihnen findet man an der Ecke zur Avenida Libertador, genau dort, wo sich die einstige Estación Central befand, die 1897 abbrannte. Ein neuer Bahnhof musste her, und so wurde im Jahr 1915 der Mitre eingeweiht. Sein Stil ist ganz im Lichte der europäischen Bahnhöfe des 19. Jahrhunderts gehalten: mit riesiger Eingangshalle, verzierten Ticketschaltern und florentinischen Fackeln. Gebaut wurde er, wie die anderen Bahnhöfe auch, von einer britischen Firma.

Der in der Mitte stehende ist der Bahnhof Belgrano, der 1912 in französischem Stil erbaut wurde. Daneben steht eine zerbrechlich wirkende Holzkonstruktion aus dem Jahr 1930. San Martín ist die letzte der drei Stationen und war nur als Provisorium gedacht. Das geplante Steingebäude wurde aber nie realisiert. Zusammen bilden diese drei Bahnhöfe den einen: Retiro. Und nicht nur im Baustil unterscheiden sie sich, ihre Züge fahren auf drei unterschiedlichen Schienenbreiten.

Einst konnte man von hier aus mit der Bahn bis in die nördlichen Provinzen des Landes fahren. Doch die meisten dieser Verbindungen fielen dem Pingpong-Spiel von Privatisierung und Verstaatlichung zum Opfer. Für Präsident Perón symbolisierte das Eisenbahnnetz die Abhängigkeit von den Briten. Er verstaatlichte es ab 1946. Darauf folgten Privatisierung in den 90er Jahren unter Präsident Menem und wieder eine Teilverstaatlichung während der Kirchner-Ära. Eines Überbleibsels der britischen Wurzeln hat man sich jedoch nie entledigt: Bis heute fahren alle Züge im Linksverkehr.

Adresse Av. Ramos Mejía, Retiro, CABA | **ÖPNV** Zug Linie »Mitre«, »Belgrano Norte« oder »San Martín« sowie Subte C, Haltestelle Retiro; Bus 5, 6, 7, 9, 20, 22, 23, 26, 28, 33, 45, 50, 56, 61, 62, 70, 75, 91, 92, 93, 100, 101, 106, 108, 115, 126, 129LM, 130, 132, 143, 150, 152, 195 | **Öffnungszeiten** Züge fahren zwischen 5 und 23 Uhr, besonders nach Einbruch der Dunkelheit auf Taschendiebe achten | **Tipp** Auf der Plaza San Martín, über der Av. Libertador, steht ein Denkmal für die Gefallenen des Falkland-/Malvinas-Krieges mit einer ewigen Flamme.

84__Das Roca-Monument

Umstrittene Statue für einen Völkermörder

Es ist ein Katz-und-Maus-Spiel: Sobald die Stadt die »Genozid«- und »Mörder«-Sprüche am Sockel dieser Statue entfernt hat, werden sie kurz darauf erneuert. Wohl kaum eine Figur ist hier historisch so umstritten wie General Julio Argentino Roca (1843–1914). An dem Bronze-Monument zu seinen Ehren, das seit 1941 auf einer der wichtigsten Adern der Stadt steht, entzündete sich ein Deutungsstreit über die Geschichte der argentinischen Staatsbildung.

Nach der Unabhängigkeit führten die verschiedenen Machthaber Feldzüge gegen die indigene Bevölkerung, um ihre Territorien einzunehmen. Roca war ab 1878 als Kriegsminister für die Endphase der systematischen Eroberung Patagoniens und der Pampa verantwortlich. In einer Zeitung fand er damals unmissverständliche Worte über seine Mission: »Zerstören wir also guten Gewissens diese Rasse, vernichten wir ihre Ressourcen und politische Organisation, damit ihre Stammesordnung verschwinde und nötigenfalls ihre Familien aufgelöst werden.«

Noch heute sind viele Menschen in Argentinien der Meinung, dass die »barbarischen« Indigenen zum Wohle der Zivilisation bekämpft werden mussten. Menschenrechtsaktivisten widersprechen vehement und kritisieren, dass die »Eroberung der Wüste«, wie die Feldzüge genannt werden, noch immer auf der Rückseite des 100-Peso-Scheins abgebildet sind. Sie fordern, Rocas Monument zu entfernen. Die Befürworter der Reiterstatue hingegen wollen Rocas Leistungen als späterer Präsident gewürdigt wissen. Unter anderem verdanke ihm das Land die freie Schulbildung. Wer also sein Monument entferne, so ihr Argument, müsse auch die kostenlose Bildung wieder abschaffen. In einigen Provinzen wurden Roca-Straßen bereits in Néstor-Kirchner-Straßen umbenannt. Das wiederum rief die Gegner der Politik des 2010 verstorbenen Expräsidenten auf den Plan. Die Debatte um Roca wird also noch eine Weile andauern.

Adresse Kreuzung Av. Presidente Julio A. Roca (Diagonal Sur) und Adolfo Alsina, Monserrat, CABA | **ÖPNV** Subte E, Haltestelle Bolívar, Subte A, Haltestelle Perú, Subte D, Haltestelle Catedral; Bus 2, 8, 22, 24, 28, 29, 56, 64, 86, 91, 103, 105, 111, 126, 143 | **Tipp** Direkt neben der Statue ist die »Manzana de las Luces« mit ihren unterirdischen Tunneln der Jesuiten (Ort 105).

85 Das Rotkäppchen-Monument

Grimms Märchen im Wald von Palermo

Manche Argentinier machen sich gerne über die deutsche Sprache lustig. In einem strengen Tonfall lassen sie dabei alle Wörter auf »en« enden, selbst die Substantive. Ein Komiker erzählte so vor einigen Jahren eine abgewandelte Form des Märchens von Rotkäppchen und dem bösen Wolf. In dem Fernseh-Sketch wurde im Ulk-Deutschen aus »Caperucita Roja«, »Caperuciten Rojen«. Bis heute eine sprachliche Verunstaltung, die Deutschen gerne unter die Nase gerieben wird. Auch wenn die alte Erzählung vermutlich nicht in Deutschland entstanden ist, sondern 1695 erstmals von einem Franzosen aufgeschrieben wurde, so hat sie doch erst durch die Gebrüder Grimm ihr Happy End erhalten. Diese fügten den Jäger hinzu, der Rotkäppchen und die Großmutter am Ende befreit, indem er dem Wolf den Bauch aufschneidet und ihn mit Steinen füllt.

Generationen von Kindern am Río de la Plata sind mit dieser Grimm'schen Version des europäischen Märchens aufgewachsen. Und so war Caperucita bereits lange vor Caperuciten Teil des kollektiven Gedächtnisses in Argentinien. Das beweist auch dieses Denkmal, das wohl eines der entzückendsten ist, das dem Mädchen mit der roten Mütze je gewidmet wurde. Im Jahr 1937 von der Stadt Buenos Aires erworben, stand es bis 1972 zunächst auf der Plaza Lavalle, in der Nähe der Avenida Córdoba. Als dort die Statue des Expräsidenten Hipólito Yrigoyen aufgestellt wurde, bekam Caperucita einen neuen Platz, der auch viel passender erscheint: Sie steht im »Wald von Palermo«, einem großen Park im Norden des Stadtzentrums.

Der französische Künstler Jean Carlus (1852–1930) hat sie aus einem einzigen Block Marmor gehauen. Der Wolf schaut listig hinter einem Stamm hervor und versucht das Mädchen, den Picknickkorb in der einen und den Blumenstrauß in der anderen Hand, in die Falle zu locken.

Adresse Parque Tres de Febrero, Av. Sarmiento, Ecke Av. Libertador, Palermo, CABA | **ÖPNV** Subte D, Haltestelle Plaza Italia, sieben *cuadras* zu Fuß die Av. Sarmiento entlang oder Bus 10, 37, 67 | **Tipp** Fußläufig ist das sehenswerte »Museo Evita« erreichbar (Lafinur 2988, Di–So 11–19 Uhr).

86 Die Ruine der Vasena-Fabrik

Stiller Zeuge eines blutigen Arbeiterkampfes

Nichts würde an das hier verübte Blutbad erinnern, wären da nicht diese beiden Mauern ganz am Rande der Plaza Martín Fierro. Sie sind die verwaisten Überreste der Fabrik der italienischen Familie Vasena, die Anfang des 20. Jahrhunderts im großen Stil Metall produzierte. Ihre Arbeiter traten am 7. Januar 1919 in einen Streik, um bessere Arbeitsbedingungen zu erkämpfen. Die Gewalt eskalierte innerhalb nur einer Woche, sie ging als *Semana Trágica* in die Geschichte ein.

Ausgelöst durch die bolschewistische Revolution in Russland 1917 hatten die Eliten am Río de la Plata zusehends Angst, russischstämmige Juden würden den revolutionären Geist aus Europa nach Argentinien »einschleppen«. Als der Vasena-Streik begann, fürchtete man den Beginn einer Arbeiterrevolution. Über mehrere Tage hinweg schossen Polizei und ultrarechte Gruppierungen gemeinsam auf die Streikenden. Wütend brannten die Arbeiter die Vasena-Fabrik nieder. Daraufhin kam es zu einer regelrechten Menschenjagd. Arbeiterviertel, Gewerkschaftslokale und jüdische Einrichtungen wurden attackiert. Erst als sich der damalige Präsident Yrigoyen mit den Gewerkschaften einigte, beendeten die Arbeiter den Streik. Über 1.300 Tote und 5.000 Verletzte waren das Resultat dieser tragischen Woche.

Je nach politischer Couleur der Regierungen der Folgejahre wurde die Schuld an der Gewalt den als Terroristen bezeichneten Arbeitern oder aber der Polizei und der damaligen Regierung in die Schuhe geschoben. Als der Platz 1940 auf dem Gelände der zerstörten Fabrik eingeweiht wurde, hatten die Konservativen das Sagen, und so wurde sie nicht, wie manche forderten, den »Märtyrern der Semana Trágica« gewidmet, sondern nach dem Helden des argentinischen Nationalepos »Martín Fierro« benannt. Eine Plakette an den Überresten der Fabrik erinnert an die schlimmen Ereignisse und den Beginn einer langen Epoche des Arbeiterkampfes.

Adresse Plaza Martín Fierro, zwischen La Rioja und Gral. Urquiza, San Cristóbal, CABA | **ÖPNV** Subte E, Haltestelle Urquiza; Bus 31, 53, 97, 101, 126, 129A | **Tipp** An der Kreuzung Av. San Juan und Av. Boedo, vier *cuadras* von der Haltestelle Urquiza entfernt, befinden sich einige traditionelle Tangobars, zum Beispiel »La Esquina« (Abendessen mit Tangoshow täglich um 22 Uhr, Reservierung empfohlen).

87 Der Rundweg der Comichelden

Mafalda und Co.

Es ist fast unmöglich, ein Foto von Mafalda zu ergattern. Ständig zwängt sich jemand für ein Selfie auf die Bank neben die freche Göre und ihre Freunde Susanita und Manolito. Die Statue der wohl beliebtesten Comicfigur Argentiniens ist längst Teil jeder Stadtführung durch San Telmo geworden. Die wenigsten wissen aber, dass sie zu einem Rundgang gehört, bei dem man noch vielen weiteren Comichelden der vergangenen achtzig Jahre begegnet.

Die zwanzig Figuren des »Paseo de la Historieta« wurden jeweils in eine zu ihnen passende Umgebung platziert. So steht beispielsweise der Lebemann Isidoro Cañones aus dem Jahr 1935 inmitten von Bars an einer Straßenecke unweit von Mafalda. Die wiederum sitzt lebensgroß vor ihrem eigenen Haus in der Chile 371, an dessen Eingang eine Plakette beweist: »Hier wohnte Mafalda«. In Wirklichkeit lebte dort ihr Schöpfer, der Zeichner Quino. Er hauchte dem für ihr Alter außerordentlich reflektierten Mädchen 1964 Leben ein. Fortan erschien Mafalda als Comicstrip in verschiedenen Zeitungen, in denen sie sich stets besorgt um den Weltfrieden zeigt und die Macht der Reichen kritisiert.

Vor ihr im Boden weist ein kleines Schild den Weg zu den anderen Cartoon-Figuren des Rundgangs. Folgt man diesem, trifft man irgendwann in der Straße Balcarce auf den unschuldigen und gutgläubigen Don Fulgencio, der hier mit seinen Luftballons vor dem Erwachsenwerden davonläuft. Er wurde 1938 von Lino Palacio erschaffen und verkörpert das Kind in jedem von uns. Der Paseo de la Historieta führt durch die Stadtteile San Telmo, Monserrat und Puerto Madero und durch die verschiedenen Jahrzehnte argentinischer Comicgeschichte.

»Mafalda« zu lesen, bedeutet Argentinien zu verstehen, so sagt man. Das gilt sicherlich auch für die anderen Helden, die auf diesem Rundgang in Kunstharz gegossen dem Papier entsprungen sind.

Adresse Mafalda: Chile, Ecke Defensa. Don Fulgencio: Venezuela, Ecke Balcarce, beide San Telmo, CABA | **ÖPNV** Subte C, Haltestelle Independencia; Bus 22, 24, 28, 29, 86, 126, 195 | **Tipp** Comic-Liebhaber sollten den Rundgang im »Museo del Humor« in Puerto Madero, nur wenige Meter von den letzten beiden Figuren entfernt, ausklingen lassen, wo sie eine reiche Sammlung aller nationalen Zeichenkünstler entdecken können (Av. de los Italianos 851, Mo–Fr 11–18 und Sa, So 10–20 Uhr).

88 Der Rundweg Tres Bocas
Sumpfspaziergang

Das Tigre-Delta ist die grüne Lunge der *porteños*. Von Retiro aus erreicht man den Hafen, wo die Wassertaxis in die Inselwelt ablegen, in weniger als einer Stunde. Besonders an Wochenenden bilden sich hier lange Warteschlangen. Wer keinen kennt, der ein Wochenendhaus im Tigre-Delta besitzt, fährt in eine der Restaurantanlagen mit Campingplatz oder ein Hotel und verbringt dort den Tag oder das Wochenende. Hat man sich für ein Ziel entschieden, sind die Erkundungsmöglichkeiten begrenzt, schließlich ist man von Wasser umgeben oder trifft bereits nach wenigen Metern auf das »*Prohibido pasar*«-Schild (»Betreten verboten«) des Nachbargrundstücks.

Wer es etwas freier und abenteuerlicher mag, der kann das Delta in Tres Bocas zu Fuß erkunden. Dieses weitläufige Inselgebiet erstreckt sich zwischen vier Flussarmen. Am besten lässt man sich von einem der Wassertaxis an die Anlegestelle Santa Rosa bringen. Dort erhält man einen kleinen Lageplan und kann den Spaziergang beginnen. Die Hälfte des zehn Kilometer langen Rundwegs ist asphaltiert, der Rest sumpfig und verwildert. Er führt entlang der Flussläufe, über wacklige Holzbrücken, vorbei an Trauerweiden und Pappeln und einer großen Brache, die wohl einmal ein öffentlicher Platz werden sollte. Tres Bocas ist ein kleines verschlafenes Dorf mitten im Delta. An Infrastruktur fehlt es allerdings nicht: Es gibt einige Gästehäuser, ein Grillrestaurant, eine Bäckerei, eine Kapelle, eine Apotheke und einen Arzt.

Wer sich Tres Bocas aus der Flussperspektive ansehen will, ruft Julián und Inés an, die einen kleinen Bootsverleih betreiben. Zurück an Land bestellt man einen frischen Wels vom Grill und mietet sich beispielsweise in einem der sieben Zimmer im »Bora-Bora« ein, das über einen kleinen Strand verfügt. Tres Bocas ist die vielleicht letzte Möglichkeit, die Stimmung dieser Wasserwelt in Ruhe zu genießen.

Adresse Arroyo Abra Vieja 360, Tigre, Provincia | **ÖPNV** Zug Linie »Mitre« Richtung Tigre, Haltestelle Tigre, oder Tren de la Costa, Haltestelle Delta, dann am Hafen von Tigre Schiff (»lancha«) nach Tres Bocas (bis Santa Rosa, circa 40 Minuten Fahrzeit) | **Öffnungs-zeiten** Boote fahren ab circa 9 Uhr alle 30 bis 60 Minuten, die letzten legen gegen 17 Uhr ab. | **Tipp** Das ehemalige Wochenendhaus des Expräsidenten Sarmiento steht ganz in der Nähe. Es steht zum Schutz unter einer großen Glaskuppel, ein kurioser Anblick und einen Besuch wert! (Museo de Sarmiento, Mi–So 10–18 Uhr).

89 __ Die russisch-orthodoxe Kirche

Blaue Zwiebeln überm Parque Lezama

Prunkvoll ragen ihre blauen, verzierten Zwiebelkuppeln in den Himmel von San Telmo. Wohl kein Gebäude der ganzen Stadt tanzt architektonisch und stilistisch so aus der Reihe wie die russisch-orthodoxe Kirche »Heilige Dreifaltigkeit« am Parque Lezama. Ganz im Stile der russischen Kreuzkuppel-Kirchen des 17. Jahrhunderts ist sie das Zentrum des orthodoxen Lebens in Buenos Aires. Ihre Baupläne wurden in Sankt Petersburg entworfen und später in Buenos Aires angepasst. Nach etwa vierjähriger Bauzeit wurde sie im Jahr 1901 in Anwesenheit internationaler Repräsentanten der orthodoxen Kirche und des Präsidenten Julio A. Roca gesegnet.

Die opulente Dekoration im Inneren stammt aus Russland und ist streng nach orthodoxen Regeln angeordnet. Der Altar zeigt nach Osten, und es gibt keine Orgel, da Gott nur mit der menschlichen Stimme gelobt werden darf. Höhepunkte sind der prachtvoll vergoldete Altarbereich, die bunten Glasfenster und das große Wandgemälde, das sich über die ganze Breite des Raumes erstreckt. Die Kreuze auf dem Dach sind mit goldenen Ketten an den Zwiebelkuppeln befestigt und zeigen ebenfalls gen Osten. Wer das Innere des Gotteshauses besichtigt hat, wundert sich nicht, dass es zum historischen Nationaldenkmal erklärt wurde.

Diese Kirche ist die erste russisch-orthodoxe des ganzen Kontinents. Die ersten orthodoxen Christen kamen Mitte des 19. Jahrhunderts überwiegend aus Russland und Griechenland an den La Plata. In ganz Südamerika gab es für die recht kleine Gruppe kein Gotteshaus. Per Dekret entschied der russische Kaiser 1888 die Gründung dieser Gemeinde. Bis heute ist der hier ansässige Bischof Ordinarius für ganz Südamerika und untersteht dem Moskauer Patriarchat. Heute leben bis zu 300.000 Russen und russischstämmige Menschen in Argentinien, so viele wie sonst nirgendwo in Südamerika.

Adresse Avenida Brasil 315, San Telmo, CABA | **ÖPNV** Subte C, Haltestelle Constitución; Bus 4, 10, 22, 24, 28, 29, 46, 53, 61, 62, 65, 70, 74, 143 | **Öffnungszeiten** Gäste sind zum Gottesdienst willkommen. Führungen erfragen unter Tel. 011/4361427 oder info@iglesiarusa. org.ar, in der Regel jeden 2. So des Monats 15 Uhr. Auf Englisch nach Absprache möglich. Frauen werden gebeten, Rock und Kopfbedeckung zu tragen, Männer lange Hosen. | **Tipp** Im Parque Lezama befindet sich das 1891 eröffnete Historische Nationalmuseum in einem eleganten Herrenhaus (Defensa 1600, Mi–So 11–18 Uhr).

90_Die Schilder der Erinnerung

Geschichtsanalyse in Piktogrammen

Als die Künstler der »Grupo de Arte Callejero« mit der Arbeit an den »Schildern der Erinnerung« begannen, befanden sich die meisten Täter des Militärregimes von General Videla auf freiem Fuß. Präsident Carlos Menem hatte in den 1990er Jahren mit verschiedenen Amnestiegesetzen dafür gesorgt. Inspiriert von der Erfahrung, dass die Verantwortlichen des Staatsterrors leibhaftig unter ihnen sind, entstand die Idee zu dieser bemerkenswerten Installation, die Teil der 2001 eingeweihten Gedenkstätte »Parque de la Memoria« ist.

Über fünfzig künstlerisch umgestaltete Verkehrsschilder leiten entlang der Uferpromenade durch die jüngste argentinische Geschichte. Sie widmen sich den gewaltvollen Regeln der Militärdiktatur und weisen auf die Vorboten und die Auswirkungen dieser Gräueltaten hin. Den Künstlern gelang es auf faszinierende Weise, anhand der Codes der Verkehrszeichen, die wir alle kennen, Ursachen, Wirkungen und Folgen der Diktatur zu entlarven und miteinander zu verketten. Begonnen mit der Alianza Anticomunista Argentina, der ultrarechten paramilitärischen Gruppierung, von der das Militär Methoden und Ziele übernahm, über die allgegenwärtige Bespitzelung, die tausendfache Flucht ins Exil, bis zu den Morden und der Rolle ziviler Organisationen. Auch den weltgeschichtlichen und lateinamerikanischen Umständen, die das Erstarken der Militärs erst möglich gemacht hatten, sind einige der Schilder gewidmet.

Im Zentrum des 14 Hektar großen Erinnerungsparks steht eine lange Steinwand, in der die Namen der 30.000 Opfer der Diktatur eingraviert sind. Die Nähe zum Río de la Plata hat eine wichtige Symbolkraft: Viele der »Verschwundenen« wurden betäubt aus Flugzeugen in den Fluss geworfen. Einige Leichen fand man später, viele wurden aufs offene Meer getrieben. Die Botschaft der Verkehrszeichen der Erinnerung ist eindeutig: Mögen sich diese Verbrechen niemals wiederholen!

Adresse Av. Costanera Rafael Obligado 6745, Belgrano, CABA | **ÖPNV** Zug Linie »Belgrano Norte« aus Retiro, Haltestelle Ciudad Universitaria, dann zu Fuß durch den Campus bis ans Flussufer oder Bus 28, 33, 37, 42, 45, 107, 160 bis zum Parkeingang | **Öffnungszeiten** Mo–Fr 10–18 Uhr, Sa, So und feiertags 10–19 Uhr, Führungen können auf www.parquedelamemoria.org.ar angefragt werden | **Tipp** Der PayS-Raum auf dem Gelände (»Presentes, Ahora y Siempre«) ist ein Kunstzentrum, das sich mit dem Staatsterrorismus beschäftigt. Hier finden Ausstellungen und Konferenzen statt (Mo–Fr 10–17 Uhr, Sa, So und feiertags 12–18 Uhr).

91 Das schmalste Haus

2,5 Meter für einen »freien« Sklaven

Ohne Zweifel ist San Telmo eines der Viertel, in dem man sich am besten auf die Suche nach dem alten Buenos Aires machen kann. Die meisten Gebäude stammen aus dem 19. Jahrhundert und stehen unter Denkmalschutz. Ein jedes kann eine interessante Geschichte erzählen, eine besonders ausgefallene ist die der »Casa Mínima«.

In der Pasaje San Lorenzo, nur fünfzig Meter von der Defensa, der touristischen Hauptstraße San Telmos, entfernt, steht das schmalste Haus der Stadt, die Casa Mínima. Diverse Quellen stimmen darin überein, dass hier einer der ersten freien Sklaven lebte. Buenos Aires war einer der größten Sklavenmärkte Amerikas. Die ersten verschleppten Menschen aus Westafrika wurden hier ab 1580 gehandelt. Im 17. Jahrhundert florierte der Sklavenhandel in Argentinien, da die Sklaven vermehrt in der Viehwirtschaft eingesetzt wurden. Ein Zensus des Jahres 1810 teilte die Einwohner von Buenos Aires in 22.793 Weiße, 9.615 Schwarze und 150 Indigene auf.

Nachdem der Menschenhandel 1812 in Argentinien verboten wurde, stand den ehemaligen Sklaven eine Unterkunft zu – freilich eine kleine. Dieses hübsche Häuschen soll sich ein *liberto*, wie »freie« Sklaven genannt wurden, selbst errichtet haben. Eine andere Version besagt, der einstige Herr habe lediglich ein Teil seines eigenen Gebäudes abgetrennt und dem »freien« Sklaven kurzzeitig übergeben. Nach seinem Tod ging die casita wieder in die Hände der ursprünglichen Besitzer über. Wie dem auch sei, es ist jedenfalls keine zweieinhalb Meter breit, dafür aber 13 Meter tief. Die freigelegte Backsteinfassade im oberen Teil zeugt von der Geschichtsträchtigkeit des Hauses.

Zwei Häuser weiter wartet ein Gebäude darauf, vor dem endgültigen Verfall gerettet zu werden. Es ist eines der ältesten Gebäude der Stadt. Ob es allerdings das ältestes überhaupt ist, wie manche meinen, darüber gibt es widersprüchliche Aussagen.

Adresse Pasaje San Lorenzo 380, San Telmo, CABA | **ÖPNV** Subte C und E, Haltestelle Independencia; Bus 22, 24, 28, 29, 86, 126, 195 | **Tipp** Mit »El Desnivel« befindet sich um die Ecke eine der besten *parrillas* (Grillrestaurants) der Stadt (Defensa 855, Mo–Fr 12–16 und 20–1 Uhr, Sa, So 12–1 Uhr).

92 Die Skulptur »Le Doute«

Denkmal für den Atheismus?

Buenos Aires gilt als Freilichtmuseum für bildende Kunst. Nahezu jeder Park und jede Plaza sind mit einem großen Nationalhelden oder Staatsmann – ganz selten auch mit einer Staatsfrau – geschmückt. Aber nicht alle würdigen einen Helden, einige wenige beschäftigen sich mit den tiefgründigen Fragen des Menschseins.

Auf der Plaza San Martín in Retiro steht eines dieser Exemplare. Tausende huschen hier täglich vorbei auf dem Weg zum Bahnhof oder in die wuselige Einkaufsstraße Florida, ohne von »Le Doute« Notiz zu nehmen. Eine Delegation brachte die Skulptur Anfang des 20. Jahrhunderts aus Europa mit. Sie war von der Stadt Buenos Aires beauftragt worden, neue Monumente für öffentliche Plätze zu kaufen, denn bis dato mangelte es an ihnen. Einige Mitglieder der Delegation waren sich sicher, dass »Der Zweifel« aus Marmor von der Stadt nicht akzeptiert werden würde. Begeistert von der Arbeit des französischen Künstlers Louis Henri Cordier, wollten sie es aber zumindest versuchen.

Die Skulptur zeigt einen jungen Gläubigen, der nachdenklich über seiner aufgeschlagenen Bibel sitzt, während ein Greis zu seiner Rechten ihm die Hand auf die Schulter legt und ihn zu überreden scheint, die Heilige Schrift zu hinterfragen. Es ist nicht einfach, etwas Abstraktes wie »den Zweifel« in Stein auszudrücken. Betrachtet man den Gesichtsausdruck des jungen Mannes, so kann man diesen Zweifel jedoch eindeutig spüren.

Die Zweifler der Delegation sollten nicht recht behalten: Im Jahr 1906 wurde das Werk aufgestellt. Und wer hätte es gedacht: Niemals löste es auch nur eine religiöse Diskussion im katholischen Argentinien aus. Vielleicht half dabei auch die alternative Interpretation, gemäß der die Figuren das Alte und das Neue Testament repräsentieren. Warum der Künstler dann allerdings »der Zweifel« auf Französisch in den Sockel gemeißelt hat, bleibt nach dieser Deutung offen.

Adresse Plaza San Martín auf Höhe der Av. Santa Fe 710, Retiro, CABA | **ÖPNV** Subte C, Haltestelle General San Martín; Bus 7, 9, 45, 70, 106, 108, 132, 150, 152 | **Tipp** Nach wenigen Gehminuten stößt man auf das Einkaufszentrum »Galerías Pacífico« (Florida und Av. Córdoba, Mo–Sa 10–21 Uhr, So 12–21 Uhr). Auch für Shoppingmuffel gibt es hier die riesigen Deckenbemalungen der Kuppel zu bestaunen.

93 Die Stadien von Racing und Independiente

El Clásico de Avellaneda

»Zu wem gehörst du?« – eine Frage, mit der man in dieser Stadt oft konfrontiert wird. Gemeint ist der Fußballclub. Nirgendwo auf der Welt gibt es so viele Erstligisten auf so engem Raum wie in Buenos Aires. In Avellaneda kicken zwei Erzrivalen sogar auf »knallengem Raum«. Die Stadien der Clubs Atlético Independiente und Racing sind keine 300 Meter voneinander entfernt. Eine Nähe, die beständig Öl ins Feuer der historisch-sportlichen Rivalität gießt. Seit Anfang des 20. Jahrhunderts wird diese mindestens genauso intensiv gepflegt wie die zwischen den berühmten Vereinen Boca Juniors und River Plate.

Das Stadion von Independiente heißt »Libertadores de América«, ist rechteckig und bietet Platz für 50.000 Zuschauer. Die Arena von Racing trägt den Namen »Presidente Perón«, wird aber wegen seiner runden Form »El Coliseo« genannt. Es fasste zunächst 100.000 Zuschauer, durch Renovierungen und Auflagen sank die Kapazität jedoch auf 51.000.

Wenn beide Mannschaften gleichzeitig Partien austragen, kann man die Sprechchöre der Fans auch im jeweils anderen Stadion hören. Von den obersten Rängen des Libertadores de América sieht man sogar das Dach der Racing-Arena. Und wenn die Kontrahenten direkt aufeinandertreffen, im »Clásico de Avellaneda«, dann machen sich die Spieler im eigenen Stadion warm und spazieren erst kurz vor Spielbeginn entspannt zum Gegner. Independiente führt die »ewige Tabelle« dieser Stadtteil-Derbys klar an.

Von innen können die Fans das jeweils gegnerische Stadion übrigens nur im Fernsehen besichtigen. Seit 2013 ist in Argentinien den Anhängern der Auswärtsmannschaften der Zutritt verboten. Die Gewaltexzesse der *Barra Bravas,* der hiesigen Version der Ultra-Bewegung, waren ausgeartet. Immer wieder kam es zu tödlichen Schießereien.

Adresse zwischen Av. Adolfo Alsina, Colón, Italia und Ricardo Enrique Bochini, Avellaneda, Provincia | **ÖPNV** Zug Linie »Roca« aus Constitución, alle Richtungen, Haltestelle Avellaneda; Bus 10, 98, 100, 134, 148 | **Öffnungszeiten** Besichtigung außerhalb von Spielen: Independiente, Eingang auf der Av. Alsina Mo – Fr 9 – 14 Uhr; Racing, Eingang auf der Colón, Mo – So 13.30 – 17 Uhr | **Tipp** An der Ecke Italia und Av. Belgrano befindet sich das eindrucksvolle »Hospital Fiorito« aus dem Jahr 1913, eines der wichtigsten Gesundheitszentren im Süden des Großraums Buenos Aires.

94__Die Station Pasteur

Erinnerungen an das AMIA-Attentat im Juli 1994

Zwischen den Säulen in der U-Bahn-Station Pasteur hängt eine große Klappzahlenuhr. Ihr Minutenanzeiger bewegt sich zwar, springt jedoch immer wieder auf dieselbe Uhrzeit. Die Uhr klagt einen tragischen Moment der Stadtgeschichte an: Am 18. Juli 1994, exakt um 9 Uhr 53, explodierte eine 400 Kilogramm schwere Bombe vor dem Gebäude der »Asociación Mutual Israelita Argentina« (AMIA), dem wichtigsten jüdischen Zentrum der Stadt. Mit 85 Toten und 300 Verletzten war es der schlimmste Terroranschlag in der Geschichte Argentiniens. Als Drahtzieher wurde 2007 gegen Mitglieder der Hisbollah und Vertreter der iranischen Regierung Anklage erhoben, bis heute jedoch niemand verurteilt.

Im Januar 2015 beschuldigte Sonderstaatsanwalt Alberto Nisman die damalige Präsidentin Cristina Kirchner, die Verfolgung der Verdächtigen aktiv verhindert zu haben, um den iranischen Hintermännern Straffreiheit zu gewähren – im Gegenzug spekulierte sie auf einen für Argentinien attraktiven Wirtschaftsdeal. Auch Carlos Menem warf Nisman vor, während seiner Amtszeit die Ermittlungen behindert zu haben. Die aus Syrien stammende Familie des Expräsidenten soll Verbindungen zu einem der Hauptverdächtigen gehabt haben. Wenige Stunden bevor Nisman seine Anschuldigung dem Parlament vortragen sollte, wurde er in seiner Wohnung erschossen aufgefunden. Ob Selbstmord oder Attentat, ist bis heute nicht einwandfrei geklärt.

Die Station Pasteur ist zum künstlerischen Gedenkort geworden. An den Wänden beschäftigen sich humoristische Zeichnungen von 24 Künstlern mit dem Attentat und seiner schleppenden Aufarbeitung. Der Name der Subte-Station wurde ergänzt, sie heißt nun »Pasteur – Amia«. Die Klappzahlenuhr soll so lange dieselbe Zeit anzeigen, bis die Verantwortlichen verurteilt sein werden. Die AMIA ist nur zwei *cuadras* von der Station entfernt. Ihr neues Gebäude wird heute von einer hohen Mauer geschützt.

Adresse Stations-Eingang Av. Corrientes (Höhe 3200), Ecke Pasteur, Balvanera, CABA |
ÖPNV Subte B, Haltestelle Pasteur – Amia | **Öffnungszeiten** Mo–Sa 6–22 Uhr,
So 8–22 Uhr | **Tipp** Ein Modell des zerstörten AMIA-Gebäudes, das für die Ermittlungen
gebaut wurde, befindet sich heute im Polizeimuseum (Ort 21).

95 Die Straße der Kinos
Grabmal für ein Lichtspielhaus

Der Lebenszyklus der Straße Lavalle im Microcentro hat sich um 180 Grad gedreht. Tagsüber ist sie eine hektische Einkaufsmeile, an der sich Ramsch- und Souvenirläden mit teuren Touristen-Restaurants abwechseln. Einst hieß sie *Calle de los Cines*, Straße der Kinos, und war eines der beliebtesten Ziele des Nachtlebens von Buenos Aires. Bis zu 52.000 Menschen strömten hier am Abend an den fünf *cuadras* entlang. Nach Sonnenuntergang ist die Lavalle heute fast menschenleer. Nur noch die roten Lichter der Bingo-Halle scheinen auf das graue Pflaster. Von dem einstigen Glanz der zwanzig Lichtspielhäuser ist so gut wie nichts mehr übrig.

Bei einem aufmerksamen Spaziergang entdeckt man links und rechts in den Boden eingelassene Marmorplatten, die entlang der Lavalle stumm an diese Epoche erinnern. Ihre Gravuren wie »Luxor: 1920–1993« sind kaum mehr zu erkennen – zu viele Füße sind bereits achtlos darübergegangen. Diese Steine aber erinnern an die Kinos, die sich hier einst befanden.

In den Goldenen Zwanzigern kamen die ersten Stummfilm-Kinos, die von Liveorchestern und Tangosängern begleitet wurden, in die Lavalle. Immer mehr und immer größere Lichtspielhäuser wurden gebaut. In den 50ern mischten sich große Fast-Food-Restaurants darunter. Als in den 90er Jahren mit den Shoppingmalls auch die Multiplexkinos nach Buenos Aires kamen, konnten die Lichtspielhäuser der Lavalle der Konkurrenz nicht standhalten. Sie mussten Restaurants und Ladenflächen weichen, eine charismatische Pfingstkirche funktionierte einen Kinosaal gar zum Predigtraum um.

Aber trotz Finanzkrisen und Internet-Streamingdiensten ist die Begeisterung fürs Kino in Buenos Aires lebendig geblieben. Davon zeugen noch über 200 existierende Kinosäle, darunter zahlreiche altehrwürdige und alternative Programmkinos. Und was könnte die tiefe Liebe zur Leinwand besser ausdrücken als Grabsteine für die, die bereits von uns gegangen sind.

Adresse Lavalle (westlich der Ecke Florida), San Nicolás, CABA | **ÖPNV** Subte B, Halte-stelle Florida, Subte C, Haltestelle Lavalle; Bus 6, 22, 23, 26, 28, 33, 45, 50, 56, 61, 62, 74, 91, 93, 99, 109, 115, 126, 129M, 130, 140, 143, 146, 152, 180, 195 | **Tipp** Einen kleinen Eindruck davon, wie die Lavalle einst geleuchtet haben muss, bekommt man bei einem nächtlichen Spaziergang über die parallele Av. Corrientes. Hier residieren heute Theater, Musicals und Ballett-Showhäuser.

96 Street-Art in Coghlan und Villa Urquiza

Subversiv legal

Buenos Aires ist ein Paradies für Street-Art-Künstler. Sprühen ist legal, man muss lediglich die Gebäudebesitzer um Erlaubnis fragen. Da die lokale Bewegung relativ jung ist und die Stadt groß, gibt es noch viele Freiflächen. Bis in die frühen 80er Jahre hatten sich in den USA und Europa bereits lebendige Street-Art-Szenen entwickelt. In Buenos Aires war daran während der Militärdiktatur nicht zu denken. Erst in den 90ern begannen die Ersten hier zu malen. Heute gilt Buenos Aires als eine der wichtigsten Street-Art-Metropolen Südamerikas. Die Kunst aus der Dose ist praktisch allgegenwärtig. Für die eindrucksvollsten und sehenswertesten Werke muss man allerdings an den Rand der Stadt fahren.

In Villa Urquiza stößt man auf die ältesten Wandbilder. Zum Beispiel auf das Werk des anonymen italienischen Künstlers Blu (Holmberg 2705). Es zeigt einen liegenden Mann mit überdimensionalem Kopf. Die Farben sind schon verblasst, und die Hausbesitzer haben es kürzlich hellgrau ummalt. Dem Künstler gefiel das gar nicht. Wer weiß, ob er sein Wandbild nun ganz übermalt, wie kürzlich sein Cuvry-Graffiti in Berlin aus Protest gegen die dortige Gentrifizierung.

Das Viertel Coghlan wurde im Laufe des Jahres 2014 von Street-Art-Künstlern erobert. Etliche Eigentümer waren begeistert und lassen ihre Hauswände nun gegen Bezahlung bemalen. Doch auch in Buenos Aires ist Street-Art oft politisch motiviert: In der Straße Naón 3300 zieht eine Militär-Schildkröte einen kleinen Karren mit darin spielenden Kindern in einer heilen Blase hinter sich her, ein Gemeinschaftswerk des argentinisch-australischen Duos Martin Ron und Fintan Magee.

Street-Art ist schnelllebig! Matt von »BA Street Art« ist immer auf dem neuesten Stand. Eine Tour mit ihm ist sehr zu empfehlen.

Adresse Tour-Start an der Station Drago entlang der Straße Holmberg, dann zur Ecke Av. Congreso und Tronador, weiter auf der Av. Congreso Richtung Osten, dann die Estomba Richtung Norden bis zur Nuñez, CABA | **ÖPNV** Zug Linie »Mitre« aus Retiro Richtung Suárez, Haltestelle Drago oder Coghlan; Bus 107, 114, 169, 175 | **Öffnungszeiten** Touren mit »BA Street Art« Di, Do und Sa 14 Uhr, Infos und Anmeldung unter www.buenosairesstreetart.com | **Tipp** Ganz in der Nähe findet man das beste Bier der Stadt. Das Brauhaus »Cervecería Bar Spangher« (Miller 2901, ab 19 Uhr) bietet drei hausgemachte Sorten, die »Cervecería Cossab« (Ignacio Rivera 4700, ab 19 Uhr) eine breite Auswahl nationaler *cervezas artesanales* und internationaler Spezialitäten.

97 Das Stundenhotel La Cigarra

Liebestempel im Retro-Look

Eigentlich könnten wir ein Buch schreiben: »111 Telos in Buenos Aires, die man ausprobiert haben muss«. *Telo* steht für Stundenhotel – ein typisches Wortspiel des Lunfardo, des hiesigen Jargons, bei dem die Silben von »Hotel« umgekehrt wurden. Offizieller Name ist *albergue transitorio* – Übergangsherberge. Nirgendwo in Lateinamerika ist die Dichte dieser Etablissements so hoch: Allein im Stadtgebiet gibt es rund 200, zählt man die in der Provinz dazu, bräuchte es wohl Jahre, um alle zu testen.

Stundenhotels haben hier kein schmuddeliges Image. Klar, es gibt einige billige, stickige Absteigen mit Bettflöhen, aber ebenso findet man Luxus-*telos* mit Sinnlichkeitsgarantie. Für viele Liebende bieten sie in dem katholischen Land die einzige Möglichkeit, Zweisamkeit zu genießen. Am Wochenende und abends kommen die Paare, in den Mittagspausen die Fremdgeher. Durch alle Alters- und Gesellschaftsschichten hinweg sind sie Teil der Stadtkultur.

»La Cigarra« ist eines der ältesten *telos* der Stadt, das in den 1960er Jahren Kulisse für zwei Kinofilme war. Das Mobiliar und ein Marylin-Monroe-Plakat zeugen von dieser Epoche. Die gesetzlich »tolerierte Aktivität« funktioniert überall in etwa so: Wenn der Türöffner summt, gelangt man in den schummrigen Eingangsbereich. Hinter einer verdunkelten Scheibe nimmt der Rezeptionist diskret die Reservierung entgegen. Diese gilt je nach Wochentag und Zeit für eine gewisse Anzahl Stunden. Ein Leuchtkasten zeigt die verschiedenen Ausstattungen – etwa Zimmer mit Spiegel an der Decke oder einem Jacuzzi. Wenn man mit Karte zahlt, erscheint ein Fantasiename auf der Abrechnung. Mit dem Lift geht es nach oben. Die Zimmer sind schick und sauber. Es liegen Handtücher, Zahnbürsten und Kondome bereit; Kaltgetränke können bestellt werden.

Willkommen im Eldorado der Stundenhotels!

Adresse Godoy Cruz 2883, Palermo, CABA. Fast alle *telos* sind unter www.alberguestransitorios.com zu finden. | **ÖPNV** Subte D, Haltestelle Palermo; Bus 12, 15, 29, 39, 41, 55, 57, 59, 60, 64, 67, 68, 93, 95, 111, 118, 152, 161, 194 | **Öffnungszeiten** täglich 24 Stunden: Turnus von 5 Stunden. Fr, Sa und vor Feiertagen, 22–6 Uhr: Turnus von 2 Stunden. Sa, So und feiertags 6–12 Uhr: Turnus 3 Stunden, Geburtstagskinder zahlen im »La Cigarra« nichts | **Tipp** Fußläufig erreichbar (zehn *cuadras*) ist das Restaurant »Demashk«, wo man das beste arabische Essen in der Stadt bekommt (Charcas 3816, Mo–Sa 10–16 und 18–24 Uhr).

98 Der Surfclub El Molino

Surfin' Buenos Aires!

Steht man am Ufer des Río de la Plata, ohne Uruguay auf der anderen Seite zu erblicken, könnte man annehmen, Buenos Aires läge am Meer. Dieser Ansicht waren zumindest die Spanier, als sie hier 1516 den Durchgang zum Pazifik vermuteten. Wie jedoch schon sein heutiger Name verrät, ist der Río de la Plata tatsächlich ein Fluss, dessen stolze Breite täuschen mag. An seiner Mündung in den Atlantik misst er 219 Kilometer. Obwohl sich ganz Buenos Aires an dem Fluss erstreckt, kann man problemlos mehrere Monate in der Stadt leben, ohne jemals wirklich Wasser zu Gesicht zu bekommen.

Ein Besuch im Surfclub »El Molino« in San Isidro im Norden des Großraums von Buenos Aires kann das ändern. Hier erhält man einen überraschend neuen Blick auf den Río de la Plata. Nach einem Sonnenbad auf der großen Wiese bietet das flache und ruhige Gewässer optimale Bedingungen zum Wind- oder Kitesurfen. Anschließend kann man auf der Dachterrasse des Restaurants mit Blick auf den Fluss den Profis zusehen und bei Cocktails oder Bier bis in die Nacht feiern. Die grün-gelb-roten Rasta-Farbtöne an den Wänden, die bunten Surfbretter unter der Decke und der Reggae-DJ schaffen echtes karibisches Urlaubs-Feeling in der sonst so hektischen Großstadt. Einzige Irritation: Das Wasser ist nicht türkis-blau, sondern lehm-braun. Es gibt zwar einige wirklich kontaminierte Uferabschnitte auf der Höhe des Stadtzentrums, seine trübe Farbe hat der Fluss allerdings dem hohen Schlammanteil auf seinem Grund zu verdanken. Auf Satellitenbildern ist das besonders gut zu erkennen.

Insider erreichen El Molino mit dem Kajak, für alle anderen bietet der Tren de la Costa eine gute Alternative. Beginnend von der Haltestelle Avenida Maipú kann man auf der Fahrt einen wunderschönen Blick auf den Fluss genießen und noch einige andere herrliche Uferstellen fürs nächste Picknick ausspähen.

Adresse El Cano 888, Acassuso, San Isidro, Provincia | **ÖPNV** Zug Linie »Mitre« aus Retiro Richtung Mitre, Haltestelle Olivos, dann Umstieg in den Tren de la Costa, Haltestelle Barrancas; Bus 168 Richtung San Isidro | **Öffnungszeiten** Di–So 10–18, je nach Jahreszeit auch länger | **Tipp** Am Wochenende findet an der Haltestelle Barrancas, nur wenige Meter entfernt, der Antiquitätenmarkt »Feria del Anticuario« statt (Ort 4).

99_ Taller Clandestino
»Diese Kleidung riecht nach Tod«

Es war eine Tragödie mit Ansage: Am 27. April 2015 sterben zwei Brüder im Alter von sieben und zehn Jahren, als ihr Sweatshop im Stadtteil Flores in Flammen aufgeht. Flores ist ein Hotspot der illegalen Textilwerkstätten in der Stadt. In sklavenähnlichen Zuständen produzieren rund 30.000 Menschen in und um Buenos Aires Kleidung für den nationalen und internationalen Markt. Oft werden den minderjährigen Arbeiterinnen und Arbeitern ihre Pässe abgenommen. Sie schlafen im selben Raum, in dem sie für 60 Cent die Stunde bis zu 14 Stunden am Tag nähen müssen. Die Belüftung ist meist schlecht, tödliche Unfälle sind in den sogenannten *talleres clandestinos* keine Seltenheit.

In der Brandruine auf der Páez 2796 liegen noch Monate später die verkohlten Stoffballen unberührt in den ausgebrannten Zimmern. Kein Anzeichen, dass hier jemand zum Aufräumen kommt. »Schluss mit der Sklavenarbeit« und »Diese Kleidung riecht nach Tod« steht an den Hauswänden geschrieben. Fenster und Türen waren zugemauert, um die Tätigkeiten versteckt zu halten. Mauern, die den Jungen den Fluchtweg versperrten.

Drei Monate später entstand nur wenige Gehminuten von hier ein Wandbild zum Gedenken an die beiden Opfer. Street-Art-Künstler hüllten dafür zwei Jungen in die Stofffetzen, die sie in den Ausbeuterwerkstätten in Flores gesammelt haben.

Rund 80 Prozent der Textilien in Argentinien werden illegal hergestellt. Die meisten davon landen in »La Salada«, dem größten geduldeten Schwarzmarkt Lateinamerikas in der Provinz Buenos Aires. Er setzt rund neun Millionen Dollar in der Woche um und beschäftigt etwa 6.000 Menschen. Das alles ist bekannt, doch es passiert kaum etwas. Obwohl nach argentinischer Gesetzgebung Unternehmen für die gesamte Produktionskette verantwortlich sind. Die rund 100 internationalen Modeketten, deren Kleidung hier hergestellt wird, könnten so einfach zur Verantwortung gezogen werden.

Adresse Ruine: Páez 2796, Flores, CABA. Wandbild: Ecke Gavilán und Méndez de Andes, Flores, CABA | **ÖPNV** Ruine: Subte A, Haltestelle San Pedrito; Bus 53, 63, 84, 106, 124, 133, 134, 181. Wandbild: Subte A, Haltestelle San José de Flores; Bus 92, 99, 113, 124, 172 | **Tipp** Von dem Wandbild sind es nur fünf *cuadras* bis zu einem Teil von Korea-Town und dem koreanischen Monument auf der Plaza Angel Gris (Ort 8).

100 Das Teatro Catalinas Sur

Von Nachbarn für Nachbarn

Die Gruppe »Catalinas Sur« spielt in und für das Stadtviertel La Boca, das kann man schon an der Fassade ihres bescheidenen Theaterschuppens erkennen. Ein Wandbild zeigt die große Stahlbrücke, das Emblem des *barrios*, sowie Hafenarbeiter und einen Bandoneon-Spieler. Auch wenn die Gruppe mittlerweile weit über La Boca hinaus bekannt ist und auch unter den 300 Laienschauspielern viele aus anderen Stadtteilen kommen, lautet ihr Grundsatz noch immer: »Theater von Nachbarn für Nachbarn«.

Catalinas Sur sind die Pioniere des *teatro comunitario* in Argentinien, einer Bewegung, die in den 1980er Jahren entstand, um mit Hilfe des Theaters den gesellschaftlichen Zusammenhalt in den *barrios* wieder zu stärken. Nachdem ein Jahrzehnt lang Misstrauen und Angst durch die Militärs gesät worden waren, wurden die Nachbarschaftstheater zum Ort der Annäherung und des Dialogs. Ausgehend von der Überzeugung, dass jeder Mensch Kreativität in sich trägt, soll das gemeinsame Theaterspiel unter Nachbarn zum sozialen Wandel beitragen.

Alles begann mit einem Theaterstück auf einer öffentlichen Plaza im Jahr 1984. Eine kleine Gruppe aus der Arbeitersiedlung Catalinas Sur hatte es selbst entwickelt und ohne Anmeldung aufgeführt. So kurz nach der Rückkehr zu Demokratie hatte sich das bis dato niemand getraut.

Seitdem ist viel passiert. Catalinas Sur verfügen über eine eigene Bühne und tourten bereits durch Argentinien und Spanien. Heute gibt es an die fünfzig Gruppen in Argentinien und ein nationales Netzwerk der *teatros comunitarios*. Die Gruppe Catalinas Sur ist eine feste Größe in der alternativen Theaterszene der Stadt geworden. Ihre Stücke beschäftigen sich mit dem Leben und den Träumen in La Boca. Wer Spanisch spricht, sollte sich in jedem Fall eines ihrer Stücke ansehen. Ansonsten ist auch das Gebäude des Theaters mit seinen vielen Figuren wirklich sehenswert.

Adresse B. Pérez Galdós 93, La Boca, CABA | **ÖPNV** Bus 20, 25, 29, 33, 53, 54, 64, 86, 129M, 130, 152, 159, 186 | **Öffnungszeiten** Abendkasse: Di – Sa 17 – 21 Uhr, Tel. 011/43005707 | **Tipp** Um die Ecke ist die »Usina del Arte« (Pedro de Mendoza / Pérez Galdós), ein ehemaliges Elektrizitätswerk von 1916, das zum städtischen Kunst- und Kulturzentrum umfunktioniert wurde.

101 Das Teatro Verdi

Klassik, Fußball, Klassenkampf

Jeder Winkel des »Teatro Verdi« atmet Geschichte. Im Jahr 1901 von dem Verein »Sociedad de Socorros Mutuos José Verdi« gebaut, um »Vokal- und Instrumentalmusik« zu fördern, wurde es schnell zu weit mehr als einer musikalischen Instanz im Hafenviertel La Boca. Zahlreiche Plaketten in der Eingangshalle erinnern an die politischen und gesellschaftlichen Errungenschaften, die hier ihren Ursprung haben.

Auf den Logen, die in den originalen Vereinsfarben Türkis, Weiß und Gold gestrichen sind, saß nicht nur Publikum von Klassikkonzerten. 1903 jubelten hier auch die Anhänger Alfredo Palacios, der als Kandidat für die Wahl des Abgeordnetenhauses für La Boca ins Rennen geschickt wurde. Im Jahr darauf wurde er zum ersten sozialistischen Abgeordneten Amerikas gewählt. Später wurde im Verdi auch die argentinische Kommunistische Partei gegründet.

Auf der Bühne aus massiven Fichtenbrettern, die heute etwas abgewetzt, aber immer noch stattlich daherkommt, sangen nicht nur Tangogrößen, hier verkündete auch der Vorstand des Fußballclubs Boca Juniors, ein neues Stadion bauen zu wollen. Die 1940 eingeweihte »La Bonbonera« ist heute eine der bekanntesten Arenen der Welt. Auch die Erzrivalen von River Plate hielten im Verdi ihre ersten Versammlungen ab. In den 70er und 80er Jahren gastierten nationale Rockgrößen wie die Kultband »Sumo« (Ort 47) auf der traditionsreichen Bühne.

Außen an der Fassade thront die Büste von Guiseppe Verdi, dem Theater und Verein ihre Namen verdanken. Eine Oper des italienischen Komponisten war das erste Werk, das von dem Hausorchester hier zur Aufführung gebracht wurde. Kurzerhand widmete man ihm das Theater, übertrug seinen Vornamen aber ins Spanische – José. Kurz vor seinem Tod im Jahr 1901 konnte sich Verdi noch schriftlich für die Ehre bedanken. Der handgeschriebene Brief wird im Büro des Vereins direkt neben dem Theater sicher verwahrt.

Adresse Av. Almirante Brown 736, La Boca, CABA | **ÖPNV** Bus 20, 25, 29, 33, 53, 64, 86, 129LM, 130, 152, 159 | **Öffnungszeiten** Jeden 1. Mi des Monats Tango ab 20 Uhr. Infos zu weiteren Veranstaltungen: Jckehiayan@yahoo.com.ar oder Tel. 011/43621321, Mo–Fr 14–19 Uhr. Zu diesen Zeiten kann man sich auch im Büro (Nr. 719) links vom Theater melden. Besitzern dieses Buches zeigen die netten Herren das Theater gerne von innen. | **Tipp** Richtung Hafen bietet das Restaurant »El Obrero« bestes Fleisch in der wohl authentischsten Hafenatmosphäre von La Boca (Agustín R. Caffarena 64, Mo–Sa 12–16 und ab 20 Uhr). Ein echter Geheimtipp, der um ein Haar eine eigene Seite in diesem Buch bekommen hätte!

102 — Der Theaterfundus

Wohlbehütete Altkleidersammlung

Das ist garantiert der größte begehbare Kleiderschrank, den man je gesehen hat. Im Kostümdepot des »Complejo Teatral de Buenos Aires« werden auf 600 Quadratmetern über 30.000 Umhänge, Brautkleider, Militäruniformen, Feenröcke, Smokings und sibirische Fellmützen aufbewahrt. Eben alles, was eine Theaterschneiderei so über die Jahrzehnte den Schauspielern auf den Leib schneidert. Das 2015 eingeweihte Depot ist das größte in ganz Lateinamerika und beherbergt alle Kostüme, die seit 1963 in den fünf städtischen Theatern von Buenos Aires entstanden sind.

Vor der Eröffnung des Depots waren die Kostüme unter unhaltbaren Zuständen gelagert. Es gab einfach keinen Platz für all die Hüte, Kleider und Masken. So gammelten sie in Plastiksäcken und Kisten in irgendwelchen Kellern der Stadt vor sich hin. Das war nicht nur schade um das viele Steuergeld, sondern auch um das kulturelle Erbe, das in ihnen steckt.

Für zwölf Millionen Peso, rund eine Million Euro, ließ die Stadt diesen alten Schuppen in Chacarita für die Lagerung von Textilien umbauen. Hier herrschen stets 17 Grad, die Luftfeuchtigkeit ist gleich null, und das Licht wird immer nur in dem Gang angemacht, in dem es gebraucht wird, um die Farben zu schonen. Darüber hinaus ist das Depot mit modernster Software zur Katalogisierung ausgestattet. So können sich die Theater jederzeit online umsehen, welches Kostüm für eine neue Inszenierung angepasst werden könnte. Nur die besonders wertvollen Kostüme, die von berühmten Schauspielern getragen oder von bekannten Designern entworfen wurden, stehen sozusagen unter Denkmalschutz. Sie dürfen nicht verändert werden.

Bei einer Führung durch den Fundus kann man die Illusionen, die die Schneider mit ihrer Kunst schaffen, aus nächster Nähe betrachten. Das Kettenhemd sieht zum Beispiel nur von Weitem echt aus. Hier erkennt man, dass die Glieder nur aufgemalt wurden.

Adresse Zabala 3654, Chacarita, CABA | **ÖPNV** Subte B, Haltestelle Lacroze; Bus 44, 65, 71, 76, 87, 93, 108, 112 | **Öffnungszeiten** Führungen Do 14 Uhr, Anmeldung unter Tel. 011/4374-1385 oder -9680 (Mo−Fr 9−16 Uhr) oder visitas@complejoteatral.gob.ar | **Tipp** Auf der Olleros 3640, 10 Minuten zu Fuß, bietet der »Espacio Cultural de Carlos Gardel« ein umfangreiches Kulturangebot, unter anderem Theaterworkshops Yoga, Tango und Bachata.

103 Die Tierra Santa

Disneyland für Bibeltreue

An der Costanera, unter der Einflugschneise des nur wenige Gehminuten entfernten Stadtflughafens Aeroparque, erstreckt sich zu den Füßen der Hochhäuser von Palermo eine – zugegebenermaßen – etwas skurrile Kulisse. Die »Tierra Santa« ist ein Themenpark, der die Geschichte des Neuen Testaments erzählt. Das Zentrum bildet der Hügel Golgatha mit dem gekreuzigten Jesus. Auf sieben Hektar ist hier ein Stadtbild im Stil des alten Jerusalems nachgestellt – aus Plastik.

Die Tierra Santa ist eine Art Disneyland für Gläubige und einzigartig in dieser Dimension. Allein in der Osterwoche zählt das »Heilige Land« über 35.000 Besucher, die die Kreuzigung des Jesus Christus live miterleben wollen. Kein Witz! Neben den bunten Gipsfiguren tummeln sich hier diverse Angestellte in Beduinen-Gewändern, die an verschiedenen Stellen des Parks die Bibelgeschichten nachspielen. Angefangen mit der Geburt des Messias kurz hinterm Eingangsbereich, werden die Gäste durch das ganze Leben Jesu gelotst. Ein besonderer Höhepunkt ist dabei natürlich die Auferstehung. Regelmäßig kurz vor der vollen Stunde steigt hierzu eine überdimensionale Jesus-Figur, die mit den Augen zwinkern kann, ansonsten aber eher undymanisch daherkommt, aus einem Hügel empor. Im Hintergrund erklingt ein theatralisches »Halleluja!«.

Es ist für alles gesorgt: Wer das letzte Abendmahl versäumt hat, kann seinen Hunger ebenso gut mit einer Pizza auf dem alten Marktplatz stillen, wo neben Essen auch Bibelsouvenirs verkauft werden.

Für viele Katholiken in Buenos Aires ist der Besuch eine beliebte Gelegenheit, die Bibel ihren Kindern näherzubringen. Für andere mag es ein etwas bizarres Erlebnis sein, in der Szenerie der Tierra Santa spazieren zu gehen – dem Freizeitpark, in dem Nonnen und Mönche günstigeren Eintritt bekommen. Monty Python wäre begeistert – willkommen im Leben des Brian!

Adresse Av. Costanera Rafael Obligado 5790, Belgrano, CABA | ÖPNV Bus 28, 33, 37, 42, 45, 107, 160 | Öffnungszeiten Sommer: Fr–So und feiertags 16–22 Uhr, Winter: Fr 9–19 Uhr, Sa, So und feiertags 12–20 Uhr | Tipp Direkt hinter dem Themenpark befindet sich ein großes Freibad, eine Seltenheit in dieser Stadt. Falls es zu warm ist, kann man sich eine Abkühlung gönnen.

104 Der Torre Espacial

Verlassener Vergnügungspark mit bester Aussicht

Im »Parque de la Ciudad« wird es geheimnisvoll: Als Vergnügungs-park 1982 unter dem Namen »Interama« eröffnet, konnte diese At-traktion am Rande der Stadt niemals wirklich durchstarten. Als hätte man die Zeit angehalten, sind fast alle Fahrgeschäfte und Gebäude noch so vorzufinden wie vor dreißig Jahren, nur verfallen und ver-lassen. Selbst tagsüber wirkt dieser riesige Park wie die Kulisse eines Horrorfilms: das Skelett eines Karussells, von Büschen überwucher-te Autoscooter, durchgerostete Achterbahnwägen und leer stehen-de Schaubuden.

Der »Torre Espacial« ist das einzig überlebende Relikt des Parks. Gestaltet als ein Abbild des Schwertes Excalibur von König Arthur, das in die Erde gerammt wurde, streckt sich der Turm 208 Meter in den Himmel. Nur die Schwertform verrät, dass er einst Teil dieser gescheiterten Amüsement-Welt war. Jeder Bewohner der Stadt mag ihn von Weitem schon gesehen haben, doch besucht haben ihn die wenigsten. Der Turm war lange Zeit der höchste Bau Lateinameri-kas. Der höchste von Buenos Aires ist er immer noch. Die Aussichts-plattform liegt auf 176 Meter Höhe, entsprechend dem 75. Stock-werk eines Wolkenkratzers. Aus dieser Höhe hat man den schönsten Rundumblick der Metropole. An klaren Tagen kann man sogar das achtzig Kilometer entfernte Uruguay erkennen. Gleichzeitig erhält man Einblicke in die Stadt, die einem am Boden verwehrt bleiben: Unverblümt sieht man die Kontraste zwischen Arm und Reich – die hohen Prachtbauten von Puerto Madero am Horizont und im Vor-dergrund die prekären, flachen Häuser des überfüllten Elendsviertels Villa 1-11-14, auch »Bajo Flores« genannt.

Auch wenn viele meinen, sich daran zu erinnern: Der Torre Espa-cial hat kein sich drehendes Café vorzuweisen. Es war zwar geplant, wurde aber nie in Betrieb genommen. Als Symbol des in Vergessen-heit geratenen Südteils der Stadt ist der Turm in jedem Fall einen Ausflug wert.

Adresse Parque de la Ciudad, Av. Escalada 4502, Villa Soldati, CABA | **ÖPNV** Subte E, Haltestelle Plaza de los Virreyes, weiter mit Pre-Metro bis Haltestelle Parque de la Ciudad oder Bus 141. Pre-Metro führt an prekären Vierteln vorbei, wer sich unsicher fühlt, fährt besser ab Haltestelle Virreyes mit dem Taxi weiter. | **Öffnungszeiten** Sa, So und feiertags 10.30 – 18.30 Uhr, bei Regen geschlossen | **Tipp** Motorsportfans finden hinter dem Park das »Autodromo« von Buenos Aires (Zugang nur bei Veranstaltungen, www.autodromoba.com.ar).

105 Die Tunnel der Jesuiten

Frühe Ingenieurskunst der Mönche

Diese kurzen Tunnel-Abschnitte auf der »Manzana de las Luces« lassen erahnen, was sich unter dem Häusermeer des Stadtzentrums verbirgt: ein ausgeklügeltes Netzwerk an unterirdischen Gängen, die die wichtigsten Orte des kolonialen Buenos Aires miteinander verbanden. Errichtet wurde dieses Netz im 17. Jahrhundert von den Jesuiten, die allgemein bekannt sind für ihre Ingenieurskunst. Die Ordensgemeinschaft kam 1608 nach Buenos Aires, wo sie zwischen den heutigen Straßen Perú und Bolívar die erste Kirche der Stadt und eine Schule errichtete. Seine herausragende Rolle für die Bildung brachte dem Jesuitenkarree den Namen »Manzana de las Luces« – Häuserblock der Erleuchtung – ein.

Die Existenz der mysteriösen Tunnel war zwar bekannt, da sie in einer Karte von 1780 eingezeichnet sind, entdeckt hat man sie jedoch erst, als 1912 bei Bauarbeiten der Boden einstürzte und die Wölbungen freilegte. Die Tunnel liegen etwa sechs Meter unter der Erde und sind im Schnitt zwei Meter hoch und neunzig Zentimeter breit. Die Tunnel dienten als Kommunikations- und Verteidigungswege, wurden aber auch für den Schmuggel genutzt, während Spanien den Handel kontrollierte.

In der Bauwut des 20. Jahrhunderts wurden die meisten zugeschüttet, abgerissen oder überbaut. Die einzige Möglichkeit, einen Teil zu bewundern, ist eine Führung durch die Manzana de las Luces. Historiker gehen davon aus, dass es mindestens vier Gänge gibt, von denen einer zum Cabildo auf der Plaza de Mayo reicht. Auch die »Casa Rosada« (Ort 9) soll untertunnelt sein. Ein weiterer Eingang befindet sich im Gebäude der Jesuitenschule. Im Jahr 2013 brachen Schüler das Vorhängeschloss auf und drangen durch die Tunnel in die Kirche San Ignacio ein, was den Tunneln zu neuer öffentlicher Aufmerksamkeit verhalf. Wie groß das Wegenetz tatsächlich ist, weiß keiner genau. Die Mythen, die sich darum ranken, sind vermutlich größer als die Realität.

Adresse Perú 272, Monserrat, CABA | **ÖPNV** Subte A, Haltestelle Perú, Subte D, Haltestelle Catedral, Subte E, Haltestelle Bolívar; Bus 2, 8, 22, 24, 28, 29, 56, 64, 86, 91, 103, 105, 111, 126, 143 | **Öffnungszeiten** Führungen Mo–Fr 15 Uhr, Sa, So 15, 16.30 und 18 Uhr | **Tipp** An der nördlichsten Ecke der *manzana* findet man »La Librería del Avila« mit einem kleinen Café. Da in dem Lokal seit 1785 Bücher verkauft werden, gilt als älteste Buchhandlung der Stadt (Adolfo Alsina 500, Mo–Sa 8.30–20 Uhr).

106 Die Uhr an der Basilika

Erste Zeiger drehen sich für die Stadt

Recoleta ist einer der beliebtesten und teuersten Stadtteile von Buenos Aires. Viele Touristen pilgern hier täglich auf den ältesten Friedhof der Stadt, um das Mausoleum von der bekannten First Lady Eva Perón zu besichtigen. Der Friedhof gehört zu der 1732 erbauten Pfarrkirche »Nuestra Señora del Pilar«, wurde aber erst neunzig Jahre später fertiggestellt. Beim Betreten des Friedhofs kommt man automatisch an der Basilika vorbei, dabei ignorieren die meisten in Unwissenheit ein interessantes Detail.

Man entdeckt sie rechts über dem Eingang auf der Spitze des kleinen Glockengiebels: die Uhr. Der Giebel war ein typisches Element der Kirchenarchitektur im spanisch-portugiesischen Kolonialreich. Die Krönung mit einer Uhr war jedoch ihrer Zeit deutlich voraus. Sie wurde 1740 eingebaut und ist damit die erste und älteste Uhr von Buenos Aires. Erschaffen hat sie der Londoner Uhrmacher Thomas Windmills, Sohn des im 17. Jahrhundert bekanntesten Uhrmachers der Welt, Joseph Windmills. Die beiden betrieben gemeinsam eine erfolgreiche Firma, die im Auftrag der britischen Krone unter anderem für die Instandhaltung der Uhr im Tower of London verantwortlich war. 1743 starb Thomas Windmills und mit ihm das glorreiche Familienunternehmen.

Das Zifferblatt der Uhr ist an einer Kugel aus Zement angebracht. Das Laufwerk besteht aus gewöhnlichen Seilen, die vor ihrem Verschleiß regelmäßig ausgetauscht werden. Betrieben wird das Uhrwerk bis heute mittels zweier Pendel aus Blei, die mit zwei Metern Länge jeweils zehn Kilogramm schwer sind. Alle 24 Stunden muss die Uhr neu aufgezogen werden.

Bei der Besichtigung des Kirchenmuseums hat man übrigens einen sehr guten Ausblick auf den Friedhof »La Recoleta« und seine rund 4.800 Mausoleen. Hier liegen neben Evita auch zahlreiche verstorbene argentinische Präsidenten. Allerdings nicht Evitas Gatte, der ist auf dem großen Friedhof von Chacarita (Ort 38) beerdigt.

Adresse Junín 1892, Recoleta, CABA | **ÖPNV** Bus 17, 61, 62, 67, 92, 93, 110, 124, 130 | **Öffnungszeiten** Führungen auf der Webseite zu überprüfen; jeden 1. oder 2. So im Monat um 15 Uhr | **Tipp** Hangabwärts befindet sich die Plaza Intendente Alvear, besser bekannt als Plaza Francia. Hier findet an Wochenende regelmäßig einer der beliebtesten Kunsthandwerkermärkte statt.

107 Die Universalkirche

Weltkonzern hinter Fake-Fassade

Die »Iglesia Universal del Reino de Dios« ist eine charismatische Pfingstkirche aus Brasilien mit weltweit sechs Millionen Mitgliedern, 500.000 davon in Argentinien. Ihre Gotteshäuser, in denen bis zu viermal täglich mitreißend gepredigt, getanzt und exorziert wird, bringt sie gerne in ehemaligen Theatern oder Kinos unter, Hauptsache pompös.

Die argentinische Hauptkirche, der »Templo de la Fé« auf der Avenida Corrientes, war früher ein großer Blumenmarkt. Als die Kirchenleitung ihn 2003 für acht Millionen Dollar erstand, war er ihr nicht imposant genug. Jedenfalls entschied sie, die Stadt um eine amüsante Kuriosität zu bereichern, indem sie die Fassade auf einer Seite durch eine verspiegelte Wand erweiterte. Dahinter: nichts! Sie wirkt wie eine Filmkulisse, die man einfach umstoßen kann. Auch hinter den Fenstern des ersten Stocks befinden sich keine Räume. Sie sind reine Attrappen, die den Tempel mächtiger wirken lassen. Es ist verwunderlich, dass dieser offensichtliche Schwindel nicht etwas raffinierter getarnt wurde. Leichtsinnigkeit passt nicht zur Universalkirche, die für ihre ausgeklügelten Marketingstrategien bekannt ist.

Mit eigenen TV-Sendern, Hochglanzverlagen und einem Tourismusunternehmen verbreitet die Kirche geschickt ihre simple Losung: Wer an die Kirche spendet, wird mit Reichtum als Ausdruck der Liebe Gottes belohnt. Bleibt der Reichtum aus, sitzt man nicht fest genug im Glaubenssattel oder ist von Dämonen besessen. Diese Wohlstandsverheißung hat in erster Linie die Kirche selbst reich gemacht. Allein in Brasilien generiert sie 1,4 Milliarden Dollar im Jahr. Für Kritiker ist sie ein als Glaubensgemeinschaft getarntes multinationales Unternehmen. Seit Jahren wird gegen die Oberhäupter wegen Steuerhinterziehung und Geldwäsche ermittelt. Diese Machenschaften scheinen die Gläubigen ebenso wenig zu stören wie eine Schummel-Fassade an ihrem Tempel.

Adresse Corrientes 4070, Almagro, CABA, www.universal.org.ar | ÖPNV Subte B, Haltestelle Medrano; Bus 19, 24, 71, 92, 99, 109, 124, 127, 141, 168 | Öffnungszeiten Gebäude: 8–20 Uhr, es kann besichtigt werden. Es finden mehrere Gottesdienste pro Tag statt. | Tipp Um die Ecke befindet sich der alternative Tangoclub »La Catedral«, ein Geheimtipp! (Sarmiento 4006, täglich 18–4 Uhr).

108 Die Universität der Madres de la Plaza de Mayo

Hochschule mit revolutionärer Mensa

An den Wänden des »Cafés Revolucionario« hängen Bilder von so ziemlich jedem Revolutionär der jüngeren Geschichte. Für jeden von ihnen leuchtet ein roter Stern an einer großen Gedenktafel. Den meisten ist dieser Ort nur als das nette Café in Che-Guevara-Outfit bekannt, in dem man gut und günstig essen kann. Doch dahinter steckt mehr. Durch das Café hindurch gelangt man zu einer großen, von bunten Kunstinstallationen umgebenen Treppe. Sie führt zu den Seminarräumen der Volksuniversität der »Madres de la Plaza de Mayo«.

Die private Universität der Menschenrechtsorganisation Mütter der Plaza de Mayo ist 2000 angetreten, um das Bildungsportfolio der Stadt um ein paar kleinere Studiengänge rund um die Menschenrechte zu erweitern und kritisches Denken zu fördern. Achthundert Studierende zählt sie heute, die von rund hundert Dozenten unterrichtet werden. Das Café im Erdgeschoss ist quasi die revolutionäre Mensa der Hochschule.

Der Ruf der Universität hat zuletzt stark gelitten. Misswirtschaft führte dazu, dass die Lehrkräfte neun Monate lang nicht bezahlt werden konnten. Die Kirchner-Regierung nahm das horrend verschuldete Institut 2014 unter staatliche Fittiche, sehr zum Unmut vieler Steuerzahler, denn auch die Wissenschaftlichkeit der Einrichtung wird immer wieder in Frage gestellt. Während sich dahinter eher eine ideologische Debatte über die Rolle von Universitäten verbirgt, ist das Hauptproblem der *Madres* vielmehr, dass die Abschlüsse der Studiengänge nicht staatlich anerkannt sind.

Nachdem im Jahr 2015 der konservative Mauricio Macri die linke Christina Kirchner im Präsidentenamt ablöste, wird diese Anerkennung noch unwahrscheinlicher: Eines der Pflichtfächer eines jeden Studiengangs heißt »Politische Bildung Professor Karl Marx«.

Adresse Hipólito Yrigoyen 1584, Monserrat, CABA | **ÖPNV** Subte A, Haltestelle Sáenz Peña; Bus 8, 23, 39, 56, 60, 64, 86, 102, 105, 151, 168 | **Öffnungszeiten** Café: Mo–Sa 8–24 Uhr | **Tipp** An der Ecke Av. Callao und Av. Rivadavia steht das Jugendstilgebäude des ehemaligen legendären Kaffeehauses »El Molino«. Man beachte die Windmühlenflügel an seinem Turm.

109_ Velatropa

Ökosoziale Oase auf dem Campus

Umgeben von Autobahnen und den Betonklötzen des Unicampus versteckt sich hinter Büschen und Bäumen das Ökodorf »Velatropa«. Unbemerkt von Millionen Stadtbewohnern versucht hier eine kleine Gruppe junger Menschen sich so weit es geht nachhaltig und ökologisch selbst zu versorgen. Auf diesem Terrain sollte ursprünglich noch ein weiteres Fakultätsgebäude entstehen, das Fundament war bereits gegossen. Doch jahrzehntelang geschah nichts, und es sammelten sich vor allem Müllberge an. Als eine Gruppe Studierender das Gelände 2007 besetzte, säuberten sie es, pflanzten Bäume und errichteten kleine Häuschen sowie ein biologisches Klo.

Velatropa wurde eine Art Naturpark mit integriertem sozialen Experiment. Die es bewirtschaften, wollen mit gutem Beispiel vorangehen und auch in der Stadt im Einklang mit der Natur leben. Ein Bewohner nahm diesen Grundsatz so ernst, dass er sich ein kleines Häuschen in die Baumwipfel hängte, zu dem man über ein Seil hinaufklettern muss. Die Mehrheit der *velatroperos* pendelt aber zwischen einem »normalen« Stadtleben und dem Sozialprojekt hin und her. Wer Teil der Gemeinschaft werden will, muss eine Idee mitbringen, die er beisteuern möchte. So sind unter anderem ein Holzbackofen, ein Nutzgarten, ein Aufenthaltsraum mit Bibliothek, eine Fahrradwerkstatt und eine Solarkochstelle entstanden.

Besucher sind jederzeit willkommen – theoretisch zumindest. Denn was Velatropa ist und sein sollte, darüber hat hier jeder eine eigene Meinung. So bleibt das Experiment zwar einerseits dynamisch, andererseits sind auch schon einige Grundsätze, wie regelmäßige Komitee-Treffen und eine strikte Orientierung am Mayakalender, über Bord geworfen worden. In jedem Fall trifft man hier immer jemanden, der einen gerne herumführt. Das Ökodorf erreicht man über einen kleinen Trampelpfad hinter dem nördlichsten Gebäude der Ciudad Universitaria, einfach den bemalten Blumentöpfen folgen.

Adresse Ciudad Universitaria, Nuñez, CABA | **ÖPNV** Zug Linie »Belgrano Norte« aus Retiro, Haltestelle Ciudad Universitaria; Bus 28, 33, 37, 42, 45, 107, 160 | **Öffnungszeiten** tagsüber jederzeit ohne Voranmeldung, bitte um Erlaubnis zum Fotografieren fragen | **Tipp** Auf der anderen Seite der Autobahn steht das berühmte und größte Fußballstadion des Landes: »El Monumental« von River Plate mit einem angeschlossenen Museum (Av. Figueroa Alcorta 7597, täglich 10–18 Uhr, Führungen durchs Stadion jede Stunde).

110 Die Villa 31

Ein Blick hinter die Fassade

Ist das nicht die bekannte Touristenattraktion »El Caminito« mit ihren bunten Häusern im Hafenviertel La Boca? Diese Häuserfront hat ein täuschend ähnliches Antlitz, doch dahinter verbirgt sich die »Villa 31«, eine der größten informellen Siedlungen der Stadt. Die Kirchner-Regierung hatte 2009 beschlossen, das Viertel zu urbanisieren. Eine der Maßnahmen war es, die Häuserfront bunt zu streichen. Auch Spielplätze wurden gebaut. Während sich die einen über diese Verbesserungen freuten, beschwerten sich andere, es handle sich nur um Schminke für die Armut. Die wirklichen Probleme sind grundsätzlicher: Arbeitslosigkeit sowie mangelnde Trinkwasser- und Gesundheitsversorgung.

Über 40.000 Menschen leben in dieser *villa miseria,* wie die Elendsviertel hier heißen, die man anderswo Favela oder Shanty Town nennt. Tausende fahren auf der Autobahn Illia täglich an ihr vorbei, und die Ausfahrt des Terminals für die Langstreckenbusse liegt direkt an den bunten Fassaden. Bis zu fünf Stockwerke hoch quetschen sich die Backsteinhäuser mit Blechdächern zwischen die Gleise der Retiro-Bahnhöfe und den Hafen. Drei Kilometer lang erstrecken sich die schmalen Lehmstraßen in die Länge. Im Hintergrund ragen die Luxushotels und Apartments von Recoleta in die Höhe. Die Villa 31 ist das Sinnbild der sozialen Ungleichheit und Ungerechtigkeit in Argentinien.

Mehrere tausend Dollar würde hier der Quadratmeter Baugrund kosten. Nicht zuletzt deswegen war die Villa 31 zeit ihres Bestehens vielen Politikergenerationen ein Dorn im Auge. Mehrfach wurde sie gewaltsam geräumt, zum Beispiel zur Fußballweltmeisterschaft 1978.

Einige der *villas* sind in der Hand der Drogenmafia, wo es öfter zu tödlichen Bandenkonflikten kommt. Die Villa 31 ist aber überwiegend von Menschen bewohnt, die im Dienstleistungssektor arbeiten: Reinigungskräfte, Fahrer oder Hausangestellte.

Adresse Calle 4 und Carlos H. Perette, Retiro, CABA | **ÖPNV** Neben den Langstrecken-bussen, die in den Terminal einfahren, kommen zum Beispiel die Busse 45 und 33 an der Villa 31 vorbei. | **Hinweis** An der Villa 31 kommt man im Bus oder Taxi oftmals auto-matisch vorbei. Wir haben sie aufgenommen, um über die soziale Situation in den *villas* zu berichten. Von einem direkten Besuch raten wir aus Respekt vor den Bewohnern und aus Sicherheitsgründen ab. | **Tipp** Mehrere NGOs engagieren sich in den *villas miserias* der Stadt. Das Projekt www.caminosdelavilla.org will die Siedlungen auf Karten sichtbar machen, wo ihre Existenz oft ausgeblendet ist. Ein Blick auf die Seite lohnt sich!

111_ El Zanjón de Granados

Querschnitt durch die Geschichte

Eigentlich wollte Jorge Eckstein Restaurantbesitzer werden und kaufte sich ein altes verfallenes Haus aus dem Jahr 1830 auf der Straße Defensa in San Telmo. Heute gehört ihm eine der außergewöhnlichsten Sehenswürdigkeiten von Buenos Aires. Als er 1985 mit der Restaurierung des Gebäudes begann, stürzte der Boden ein, und er entdeckte den Tunnel eines alten Wassergrabens, mehrere Zisternen, Kanäle und die Überreste vorheriger Bauten. Über zwanzig Jahre archäologische und architektonische Feinarbeit steckte Jorge gemeinsam mit verschiedenen Experten in seinen Fund, bis er die Tore des »Zanjón de Granados«, wie der Wassergraben auf alten Stadtkarten genannt wurde, für Besucher öffnen konnte.

Dank seiner akribischen Recherchen und den umfassenden Ausgrabungen kann man hier 400 Jahre Stadtgeschichte am Beispiel eines Grundstücks und seiner unterschiedlichen Gebäude erleben: angefangen von den Spuren der zweiten Stadtgründung im Jahr 1580, über ein altes Herrenhaus des Jahres 1700 bis hin zu einem *conventillo*, der typischen Massenunterkunft der Einwanderer des 19. Jahrhunderts. In mehreren Vitrinen werden die Gegenstände ausgestellt, die während der Ausgrabungen zum Vorschein kamen, aber das Highlight bleibt das Gebäude selbst.

Herzstück des Rundgangs ist der alte Tunnel, dessen Freilegung allein vier Jahre in Anspruch nahm. Er darf nicht fotografiert werden, um das Mysterium darum aufrechtzuerhalten. Der Rundbogen wurde Anfang des 18. Jahrhunderts gebaut, um den Lauf eines kleinen Flusses zu kontrollieren, der die Stadtgrenze bildet und in den Río de la Plata mündete. Dieser befand sich damals lediglich 150 Meter und nicht wie heute zwei Kilometer von hier entfernt.

Jorge Eckstein erhielt für dieses Projekt keine staatliche Förderung, daher vermietet er die Räumlichkeiten des Zanjón für Firmen- und Hochzeitsfeiern. So hat er über Umwege doch noch mit der Gastronomie zu tun.

Adresse Defensa 755, San Telmo, CABA | **ÖPNV** Subte C und E, Haltestelle Independencia; Bus 22, 24, 28, 29, 86, 126, 195 | **Öffnungszeiten** Mo–Fr 12, 14 und 15 Uhr (Führungen auf Englisch), 13 Uhr (auf Spanisch), So 11–18 Uhr (alle 20 Minuten auf Englisch und Spanisch), Sa und feiertags geschlossen | **Tipp** Nur einen Katzensprung entfernt befindet sich zwischen den Straßen Defensa, Bolívar, Carlos Calvo und Estados Unidos der »Mercado de San Telmo«, ein riesiger überdachter Markt, auf dem neben Obst und Gemüse auch mit Antiquitäten gehandelt wird.

4

5

BUENOS AIRES

MONSERRAT

1

**VALENTÍN
ALSINA**

93

93

**VILLA
DOMÍNICO**

1

34

N

0   1,5 km

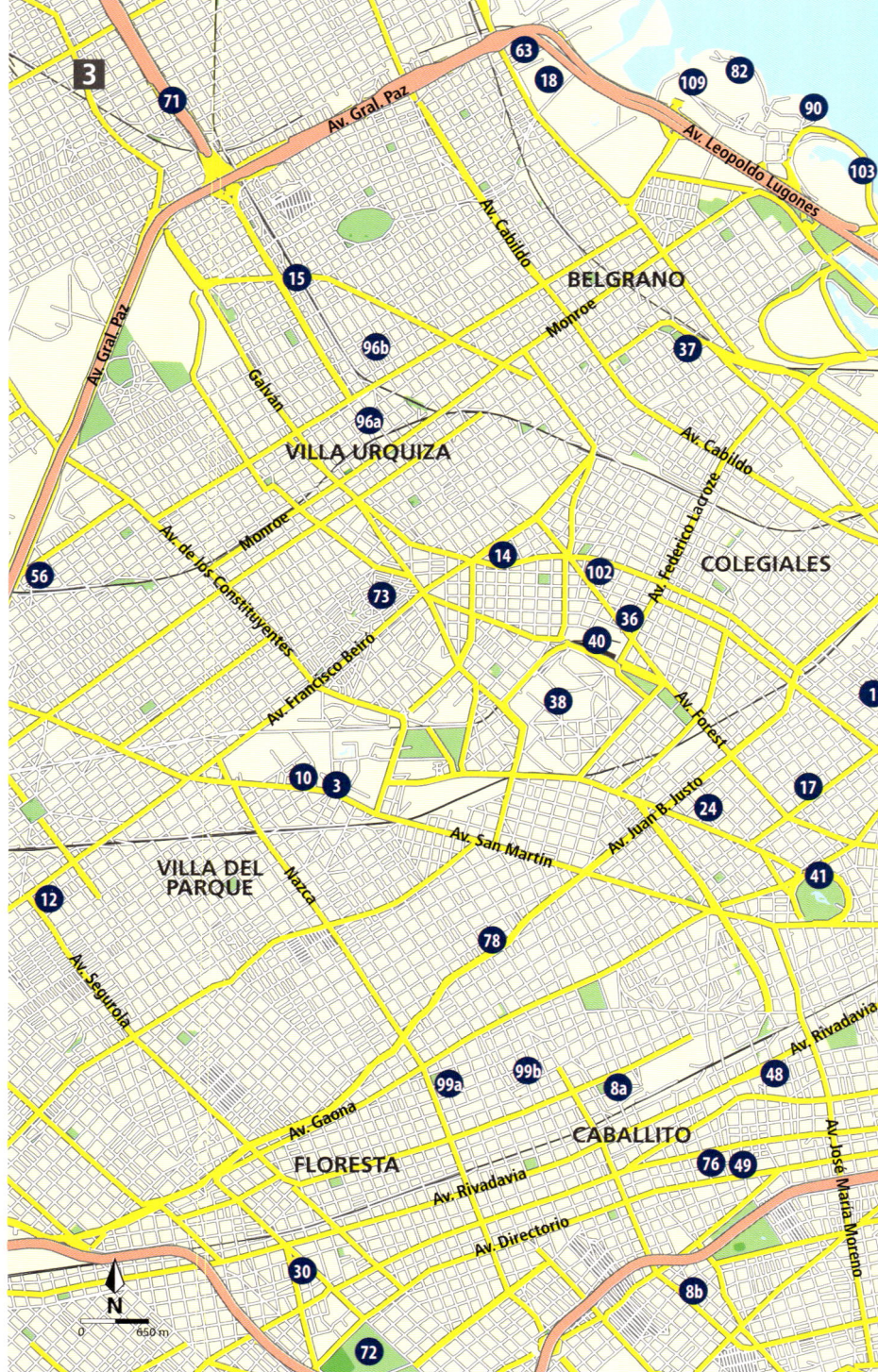

22

Autopista Arturo Illia

57
85
Av. del Libertador
97
29 44
Av. Santa Fe

35

68
110

60

5

11
Av. Santa Fe

Av. Córdoba
27
67
BUENOS AIRES
107
58
51
Av. Corrientes
94
Av. Callao
62
BALVANERA
42
Av. Rivadavia
Av. Medrano
Av. Pueyrredón

ALMAGRO

MONSERRAT
Av. Entre Ríos
Av. Independencia

55
13
Av. San Juan
89
19
86
Autopista 25 de Mayo
Av. Juan de Garay
100
101
16
Defensa
Av. Almirante Brown
Av. Boedo
Av. Jujuy
79
6

74

N

0   650 m

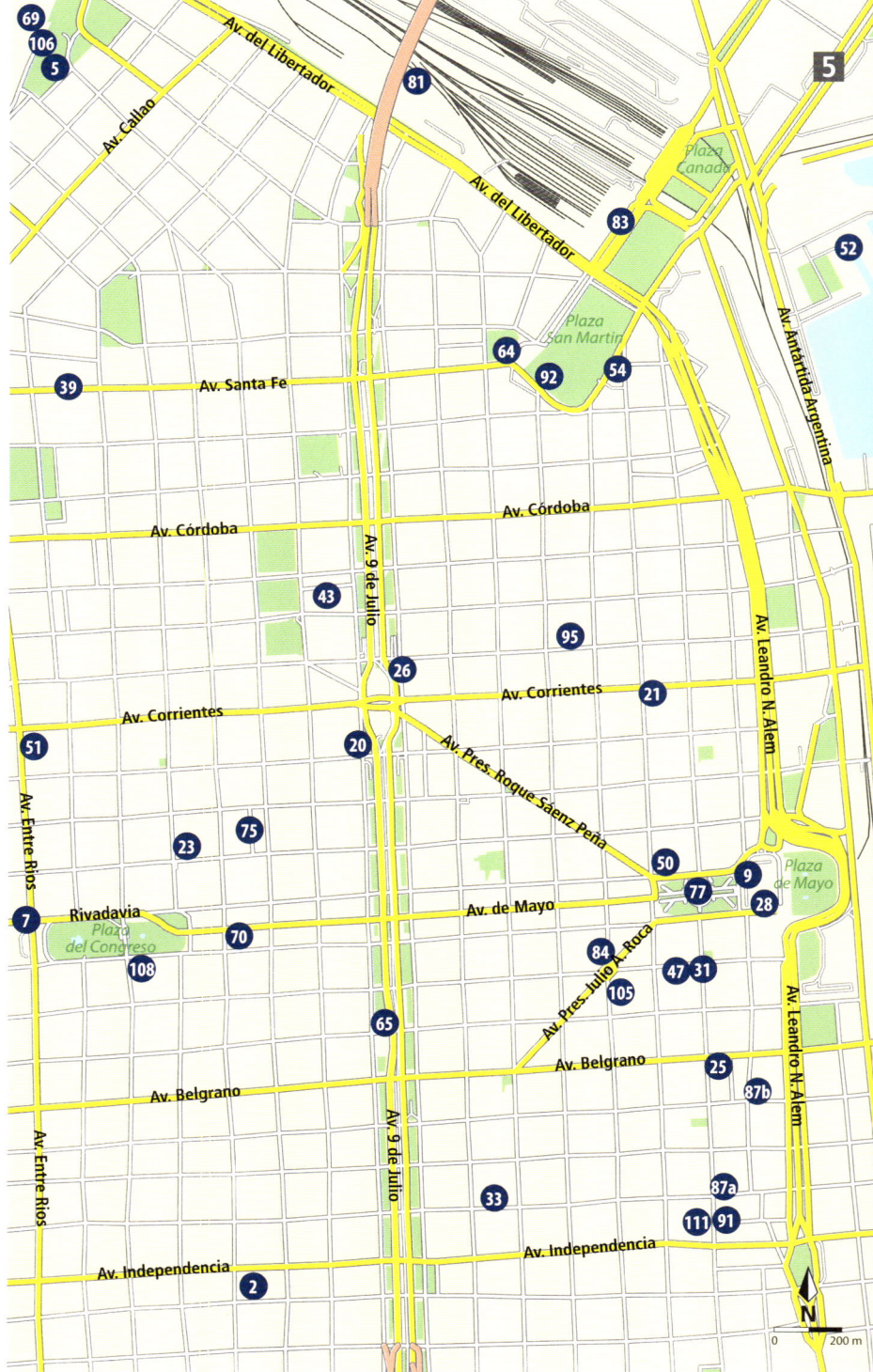

Dorothee Fleischmann,
Carolina Kalvelage
**111 Orte in Budapest, die
man gesehen haben muss**
ISBN 978-3-95451-744-2

Floriana Petersen
**111 Orte in San Francisco,
die man gesehen
haben muss**
ISBN 978-3-95451-750-3

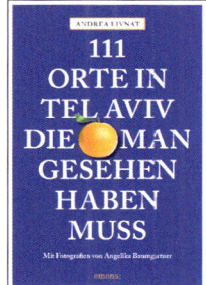

Andrea Livnat,
Angelika Baumgartner
**111 Orte in Tel Aviv, die
man gesehen haben muss**
ISBN 978-3-95451-703-9

Oliver Schröter, Falk Saalbach
**111 Orte in Zürich, die man
gesehen haben muss**
ISBN 978-3-95451-538-7

Cornelia Lohs
**111 Orte in Bern, die man
gesehen haben muss**
ISBN 978-3-95451-669-8

Giulia Castelli Gattinara,
Mario Verin
**111 Orte in Mailand, die
man gesehen haben muss**
ISBN 978-3-95451-617-9

Cornelia Ziegler,
Chris Sindermann
**111 Orte auf Kreta, die
man gesehen haben muss**
ISBN 978-3-95451-540-0

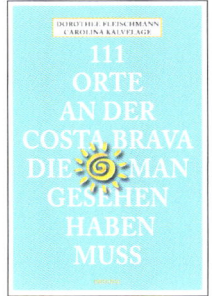

Dorothee Fleischmann,
Carolina Kalvelage
**111 Orte an der Costa Brava,
die man gesehen haben muss**
ISBN 978-3-95451-561-5

Jo-Anne Elikann
**111 Orte in New York, die
man gesehen haben muss**
ISBN 978-3-95451-512-7

Ralf Nestmeyer
**111 Orte an der Côte d'Azur,
die man gesehen haben
muss**
ISBN 978-3-95451-563-9

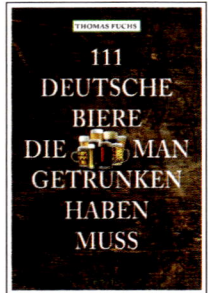

Thomas Fuchs
**111 deutsche Biere, die man
getrunken haben muss**
ISBN 978-3-95451-414-4

Rüdiger Liedtke,
Laszlo Trankovits
**111 Orte in Kapstadt, die
man gesehen haben muss**
ISBN 978-3-95451-456-4

Gerd Wolfgang Sievers
**111 Orte in Venedig, die
man gesehen haben muss**
ISBN 978-3-95451-352-9

Eckhard Heck
**111 Orte in Maastricht, die
man gesehen haben muss**
ISBN 978-3-95451-368-0

Petra Sophia Zimmermann
**111 Orte am Gardasee und
in Verona, die man gesehen
haben muss**
ISBN 978-3-95451-344-4

Marcus X. Schmid,
Halûk Uluhan
**111 Orte in Istanbul, die
man gesehen haben muss**
ISBN 978-3-95451-333-8

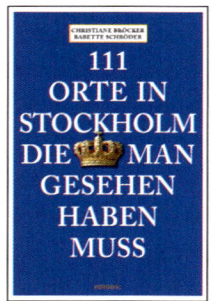

Christiane Bröcker,
Babette Schröder
**111 Orte in Stockholm, die
man gesehen haben muss**
ISBN 978-3-95451-203-4

Oliver Schröter
**111 Orte für echte Männer,
die man gesehen haben
muss**
ISBN 978-3-95451-228-7

Hinweise

Begriffe:

Buenos Aires besteht aus dem Stadtgebiet, genannt Ciudad Autó-noma de Buenos Aires (CABA) oder *capital*, sowie dem Großraum, genannt Gran Buenos Aires oder *provincia*.

Wege werden in *cuadras* angegeben. Eine *cuadra* entspricht einer Seite eines Häuserblocks und hat etwa 100 Meter. Der gesamte Häuserblock wird *manzana* genannt (siehe dazu auch Ort 56 in diesem Buch).

ÖPNV:

Das U-Bahn-Netz, die *Subte*, erreicht die wichtigsten Gegenden in *capital*. Das Bus-System ist sowohl in *capital* als auch in der *provincia* gut ausgebaut. Die Haltestellen der Busse haben keine Namen, sondern orientieren sich an Straßenkreuzungen. Busse, die in diesem Buch angegeben sind, kommen in der Regel im Umkreis von 300 Metern an dem entsprechenden Ort an. An Kiosken im Zentrum gibt es den Stadtplan »Guía-T«, der alle *Subte*- und Buslinien umfasst.

Vorstadtzüge verbinden die *provincia* mit den vier großen Bahnhöfen in *capital*. Zu einigen der etwas abgelegenen Orte in diesem Buch gelangen Sie mit den Vorstadtlinien am schnellsten. Nahverkehrsplaner im Internet: www.comollego.ba.gob.ar (nur für *capital*, auch als App verfügbar), www.omnilineas.com.ar/buenos-aires/colectivos (für *capital* und *provincia*, auch auf Englisch)

Sicherheit:

Wie jede große Stadt der Welt gibt es in Buenos Aires sichere und unsicherere Gegenden. Die verhältnismäßig hohe soziale Ungleichheit und Armut führt zu erhöhten Kriminalitätsraten in manchen Stadtteilen. Das Risiko wird von vielen Faktoren bestimmt, darunter vor allem auch die eigene Kenntnis der Stadt. Der Besuch der Orte in diesem Buch ist nach unserer Einschätzung sicher. Auf besondere Situationen weisen wir hin. Grundsätzlich gilt: Seien Sie wachsam, hören Sie auf Ihren gesunden Menschenverstand und beachten Sie die Reisehinweise des Auswärtigen Amtes.

Die Autoren

Benjamin Haas, geboren in Tuttlingen an der Donau, ist Kulturanthropologe und Lateinamerikanist. In Buenos Aires absolvierte er 2005 seinen Zivildienst und schrieb für das deutschsprachige »Argentinische Tageblatt«. Später war er einige Jahre als freier Journalist tätig, unter anderem für die Deutsche Presse-Agentur. Heute arbeitet er als wissenschaftlicher Mitarbeiter an der Universität zu Köln und ist freiberuflich in der politischen Bildungsarbeit tätig.

Leonie Friedrich, geboren in Hamburg, lebte vor ihrer Ausbildung ein Jahr in Buenos Aires im Rahmen eines Freiwilligendienstes. Seit 2013 arbeitet sie als freiberufliche Hebamme im Geburtshaus Bonn.

Beide zieht es seit ihrem ersten Aufenthalt immer wieder zurück in die Stadt am Río de la Plata, wo sie sich 2008 kennengelernt haben. Über Kommentare zu diesem Buch freuen sie sich (benjamin-haas@gmx.de).